Verfassungsrechtliche Vorgaben für Sonderabgaben des Banken- und Versicherungssektors

Ekkehart Reimer • Christian Waldhoff

Verfassungsrechtliche Vorgaben für Sonderabgaben des Banken- und Versicherungssektors

Unter Mitarbeit von
Maximilian Bowitz, Ruben Martini
und Tanja Weimar

Springer

Prof. Dr. Ekkehart Reimer
Ruprecht-Karls-Universität Heidelberg
Institut für Finanz- und Steuerrecht
Friedrich-Ebert-Anlage 6-10
69117 Heidelberg
Deutschland
reimer@uni-heidelberg.de

Prof. Dr. Christian Waldhoff
Rheinische Friedrich-Wilhelms-
Universität Bonn
Kirchenrechtliches Institut
Adenauerallee 24-42
53113 Bonn
Deutschland
waldhoff@jura.uni-bonn.de

ISBN 978-3-642-16446-0 e-ISBN 978-3-642-16447-7
DOI 10.1007/978-3-642-16447-7
Springer Heidelberg Dordrecht London New York

Die Deutsche Nationalbibliothek verzeichnet diese Publikation in der Deutschen Nationalbibliografie; detaillierte bibliografische Daten sind im Internet über http://dnb.d-nb.de abrufbar.

Einbandentwurf: WMXDesign GmbH, Heidelberg

Gedruckt auf säurefreiem Papier

Springer ist Teil der Fachverlagsgruppe Springer Science+Business Media (www.springer.com)

Vorwort

Die weltweite Finanzmarktkrise war zunächst vor allem eine Bankenkrise. Sie hat staatliche Hilfsmaßnahmen in kaum geahntem Umfang erforderlich gemacht, die ihrerseits politische, finanzrechtliche und rechtswissenschaftliche Diskussionen ausgelöst haben. Sie bezogen und beziehen sich auf die Refinanzierung staatlicher Hilfszahlungen und Garantien, aber auch auf Reformen der Finanzmarktregulierung einschließlich der Entwicklung präventiver Instrumente zur Verhinderung oder Milderung künftiger Krisen.

In Deutschland haben im Finanzmarktsektor ausschließlich Banken staatliche Hilfen in Anspruch genommen. Haben sich deshalb auch allein Banken an den Rettungskosten zu beteiligen? Oder darf im Hinblick auf und die Kosten einer Vorsorge für künftige Krisen die gesamte Finanzmarktbranche in Anspruch genommen werden? Finanzrechtlich verlangen diese Fragen einer Finanzmarkt- bzw. Bankenabgabe primär nach sorgfältiger Anwendung und Justierung der überkommenen Judikatur zu den sog. Sonderabgaben.

Vorliegende Schrift zeigt die verfassungsrechtlichen Grenzen einer Einbeziehung von Versicherungen in eine Finanzmarktabgabe auf. Sie legt dar, warum Banken, Versicherungen und andere Akteure auf den Finanzmärkten keine homogene Gruppe bilden, so dass sie keiner Sonderabgabe unterworfen werden dürfen, die dem Gebot einer gruppennützigen Verwendung unterliegt.

Die Schrift ist aus einem Rechtsgutachten hervorgegangen, das wir im Frühjahr 2010 dem Gesamtverband der deutschen Versicherungswirtschaft erstattet haben. Für die vertrauensvolle und gute Zusammenarbeit danken wir stellvertretend Frau Dr. Natascha Sasserath-Alberti und Herrn Dr. Axel Wehling (Gesamtverband der deutschen Versicherungswirtschaft) ebenso wie Frau Anke Seyfried (Springer-Verlag Heidelberg). Ein besonderer Dank gebührt den Mitverfassern für ihre Beiträge und zahlreiche fruchtbare Diskussionen, die das Entstehen dieses Bandes begleitet haben.

Heidelberg und Bonn, im September 2010

Ekkehart Reimer
Christian Waldhoff

Inhaltsübersicht

Inhaltsverzeichnis

Abkürzungsverzeichnis

ABl.	Amtsblatt
AbwAG	Gesetz über Abgaben für das Einleiten von Abwasser in Gewässer (Abwasserabgabengesetz)
AIG	American International Group
AltölG	Altölgesetz
ÄndVO	Änderungsverordnung
AnlV	Verordnung über die Anlage des gebundenen Vermögens von Versicherungsunternehmen
Art.	Artikel
Aufl.	Auflage
BaFin	Bundesanstalt für Finanzdienstleistungsaufsicht
BAV	Bundesaufsichtsamt für das Versicherungswesen
BGBl.	Bundesgesetzblatt
BIZ	Bank für Internationalen Zahlungsausgleich
BR-Drs.	Drucksache des Bundesrates
BVerfG	Bundesverfassungsgericht
BVerfGE	Amtliche Sammlung der Entscheidungen des Bundesverfassungsgerichts
BVerwG	Bundesverwaltungsgericht
BVI	Bundesverband Investment und Asset Management e.V.
CDO	Collateralized Debt Obligation
CDS	Credit Default Swaps
CEBS	Committee of European Banking Supervisors, errichtet durch Beschluss der Kommission 2004/5/EG vom 05.11.2003
CEP	Centrum für Europäische Politik
d.h.	das heißt
ders., dies.	derselbe, dieselbe(n)

DÖV	Die öffentliche Verwaltung, Zeitschrift
DStJG	Deutsche Steuerjuristische Gesellschaft e.V.
DVBl.	Deutsches Verwaltungsblatt
DZWIR	Deutsche Zeitschrift für Wirtschafts- und Insolvenzrecht
EAEG	Einlagensicherungs- und Anlegerentschädigungsgesetz
EBIT	earnings before interest and taxes (Ergebnis vor Zinsen und Steuern)
EBITDA	earnings before interest, taxes, depreciation and amortization (Ergebnis vor Zinsen, Steuern, Abschreibungen auf Sachanlagen und Abschreibungen auf immaterielle Vermögenswerte)
EdB	Entschädigungseinrichtung deutscher Banken GmbH
EdBBeitrV	Verordnung des Bundesministeriums der Finanzen über die Beiträge zur Entschädigungseinrichtung deutscher Banken GmbH
EdW	Entschädigungseinrichtung der Wertpapierhandelsunternehmen
EG	Europäische Gemeinschaft
ESAEG	Einlagensicherungs- und Anlegerentschädigungsgesetz
EStG	Einkommensteuergesetz
EU	Europäische Union
EWG	Europäische Wirtschaftsgemeinschaft
EWR	Europäischer Wirtschaftsraum
f.	folgende(r) (Sg.)
ff.	folgende (Pl.)
FAZ	Frankfurter Allgemeine Zeitung
FinDAGKostV	Verordnung über die Erhebung von Gebühren und die Umlegung von Kosten nach dem Finanzdienstleistungs-aufsichtsgesetz
FMSA	Finanzmarktstabilisierungsanstalt
FMStFG	Gesetz zur Errichtung eines Finanzmarktstabilisierungsfonds (Finanzmarktstabilisierungsfondsgesetz)
FMStG	Gesetz zur Umsetzung eines Maßnahmenpakets zur Stabilisierung des Finanzmarktes (Finanzmarktstabilisierungsgesetz)

Fn.	Fußnote
FS	Festschrift
GG	Grundgesetz
HGrG	Gesetz über die Grundsätze des Haushaltsrechts des Bundes und der Länder (Haushaltsgrundsätzegesetz)
HRE	Hypo Real Estate
Hrsg.	Herausgeber
HStR	Handbuch des Staatsrechts
i.d.F.	in der Fassung
i.S.	im Sinne
i.V.m.	in Verbindung mit
i.w.S.	im weiteren Sinne
InvG	Investmentgesetz
JuS	Juristische Schulung, Zeitschrift
Kap.	Kapitel
KWG	Gesetz über das Kreditwesen
lit.	Buchstabe
m.w.N.	mit weiteren Nachweisen
MaRisk	Mindestanforderungen an das Risikomanagement
m.W.v.	mit Wirkung vom
n.F.	neue Fassung
NJW	Neue Juristische Wochenschrift
NuR	Natur und Recht. Zeitschrift für das gesamte Recht zum Schutze der natürlichen Lebensgrundlagen und der Umwelt
NVwZ	Neue Zeitschrift für Verwaltungsrecht
PflVG	Gesetz über die Pflichtversicherung für Kraftfahrzeughalter (Pflichtversicherungsgesetz)
Rdnr., Rdnrn.	Randnummer(n)
Ref-E	Referentenentwurf
Reg-E	Regierungsentwurf
RStruktFG	[Entwurf für ein] Gesetz zur Errichtung eines Restrukturierungsfonds für Kreditinstitute

RStruktG	[Entwurf für ein] Gesetz zur Restrukturierung und geordneten Abwicklung von Kreditinstituten, zur Errichtung eines Restrukturierungsfonds für Kreditinstitute und zur Verlängerung der Verjährungsfrist der aktienrechtlichen Organhaftung (Restrukturierungsgesetz)
S.	Seite
SE	Societas Europaea/ Europäische Gesellschaft
SoFFin	Sonderfonds Finanzmarktstabilisierung
SolvV	Solvabilitätsverordnung
st. Rspr.	ständige Rechtsprechung
StuW	Steuer und Wirtschaft, Zeitschrift für die gesamten Steuerwissenschaften
Tz.	Teilziffer
v.a.	vor allem
VAG	Gesetz über die Beaufsichtigung der Versicherungsunternehmen (Versicherungsaufsichtsgesetz)
VerBAV	Veröffentlichungen des Bundesaufsichtsamtes für das Versicherungswesen
VersR	Versicherungsrecht – Zeitschrift für Versicherungsrecht, Haftungs- und Schadensrecht
VersStG	Versicherungsteuergesetz
VVDStRL	Veröffentlichungen der Vereinigung der Deutschen Staatsrechtslehrer
VVG	Gesetz über den Versicherungsvertrag (Versicherungsvertragsgesetz)
WM	Wertpapier-Mitteilungen. Zeitschrift für Wirtschafts- und Bankrecht
WpHG	Gesetz über den Wertpapierhandel (Wertpapierhandelsgesetz)
ZaöRV	Zeitschrift für ausländisches öffentliches Recht und Völkerrecht
ZG	Zeitschrift für Gesetzgebung. Vierteljahresschrift für staatliche und kommunale Rechtsetzung
ZIP	Zeitschrift für Wirtschaftsrecht

A. Gegenstand der Untersuchung

Zur Deckung der haushaltswirtschaftlichen Belastungen (Kosten und Risiken), denen der Bundeshaushalt und die Nebenhaushalte, namentlich der Sonderfonds Finanzmarktstabilisierung (SoFFin) mit der Finanz- und Wirtschaftskrise ausgesetzt werden oder in Zukunft ausgesetzt werden könnten, erwägt die Bundesregierung – ebenso wie die Regierungen und Parlamente anderer Staaten[1] – die Einführung einer besonderen Abgabe. **1**

Die nachfolgende Analyse entfaltet die verfassungsrechtlichen Maßstäbe für die Einführung und Erhebung einer derartigen Abgabe, muss zuvor aber ihren Gegenstand fixieren. Sie geht dabei von sechs zentralen legislatorischen Parametern aus: der Zielrichtung einer solchen Abgabe (Rdnr. 5 ff.), dem – für den Fortgang der Untersuchung besonders bedeutsamen – Kreis der Abgabepflichtigen (Rdnr. 8 ff.), der zeitlichen Ausgestaltung der Abgabe (Rdnr. 18), dem Zuschnitt ihrer Bemessungsgrundlage (Rdnr. 19 ff.), der Fixierung eines Abgabesatzes oder -tarifs (Rdnr. 35), der Bestimmung des Abgabegläubigers (Rdnr. 36 ff.), der laufenden Überwachung der Abgabe (Rdnr. 38 ff.) und schließlich den Vorgaben für die Mittelverwendung, namentlich für den Kreis aktueller oder künftiger Destinatäre staatlicher oder parastaatlicher Krisenvorsorge und -bewältigungsleistungen (Rdnr. 40 ff.). **2**

In allen diesen Parametern ist die Analyse entscheidungsoffen, geht also nicht von einer konkreten normativen Ausgestaltung der Abgabe aus. Vielmehr greift sie **3**

---

[1] Zur **schwedischen** Stabilitetsavgift S. Lag (2008:814) om statligt stöd till kreditinstitut v. 30.10.2008, zuletzt geändert am 08.10.2009; dazu Regeringens proposition 2009/10:30; Pressemitteilung des schwedischen *Finanzministeriums* v. 08.10.2009 – Government Bill on introduction of stability fee, Internet: http://www.sweden.gov.se/sb/d/11760/a/133218; *Matthes Saltmarsh*, Swedish Bank Fee Sets Example for America, in: The New York Times v. 22.01.2010 (Internet); zu **Ungarn** s. *HB*, Ungarn führt die Bankenabgabe ein, in: Handelsblatt v. 22.7.2010; Auseinandersetzung mit den grenzüberschreitenden Aspekten bei *Szigetvari*, Österreich ruft IWF wegen Ungarns Bankenabgabe an, in: Der Standard v. 6.7.2010; zu den **USA** exemplarisch die Stellungnahme der *Vereinigung der Bayerischen Wirtschaft e.V.*, Die „Obama-Fee“: Kein Weg für Deutschland, 2010; *pwe*, Amerikas Banken sollen Verlust des staatlichen Rettungspakets tragen. Regierung plant Einnahmen von bis zu 120 Milliarden Dollar aus einer Sonderabgabe, in: FAZ v. 13.01.2010, S. 9. Vergleichbare Überlegungen sind in **Österreich**, **Frankreich, Großbritannien** und **Rumänien** angestellt worden.

unterschiedliche Regelungsmodelle und -bausteine auf, wie sie sich teilweise im Entwurf der Bundesregierung für ein Gesetz zur Errichtung eines Restrukturierungsfonds für Kreditinstitute (RStruktFG) finden,[2] teilweise dem Gesetzgeber aber auch aus dem internationalen Vergleich vor Augen stehen.

4 Diesem offenen Zuschnitt des Untersuchungsgegenstands entsprechen mehrdimensionale Analysen des wirtschaftlichen und rechtlichen Umfelds einer solchen Abgabe (Rdnr. 47 ff.) und eine differenzierte Würdigung am Maßstab der bundesstaatlichen Finanzverfassung, v.a. der -Rechtsprechung (Rdnr. 136 ff.), und der Grundrechte (Rdnr. 312 ff.). Ausführungen zu europarechtlichen Vorgaben sind nicht Gegenstand der Untersuchung.

I. Zielrichtung und Zweck der Abgabe

5 Der Gesetzgeber wird von der politischen Zweckbestimmung ausgehen, nach der eine Abgabe für Finanzdienstleistungsunternehmen dazu dient, die Unternehmen an den Kosten der Krise zu beteiligen. Diese Zweckbestimmung lässt sich allerdings in zwei unterschiedliche Zielrichtungen konkretisieren:

- Einerseits kann die Abgabe retrospektiv ausgestaltet werden („Regress" für bereits entstandene öffentliche Kosten).
- Andererseits kann sie prospektiven Charakter erhalten (Bildung von Rücklagen für den Fall künftiger Krisen).

6 Eine schwerpunktmäßig oder sogar ausschließlich retrospektive Ausgestaltung begegnet allerdings wegen der normativen Überschneidungen mit den Regelungen des FMStFG[3], dem Vorrang der dort niedergelegten konkret-individuellen Entgelte gegenüber dem verfassungsrechtlich subsidiären Institut einer breiter streuenden Abgabe – insbesondere einer Sonderabgabe (vgl. unten Rdnr. 52) –, den verfassungsrechtlichen Grenzen rückwirkender Belastungen (hierzu näher unten Rdnrn. 348 ff.) und der Formenstrenge repressiver Grundrechtseingriffe erheblichen Bedenken. Daher liegt der Schwerpunkt der nachfolgenden Überlegungen auf einer Abgabe mit ausschließlich oder mindestens schwerpunktmäßig prospektivem

---

[2] Vgl. *Bundesministerium der Finanzen*, Eckpunkte für die Finanzmarktregulierung v. 31.03.2010; und den Regierungsentwurf eines Gesetzes zur Errichtung eines Restrukturierungsfonds für Kreditinstitute (RStruktFG) als Art. 3 des Entwurfs eines Restrukturierungsgesetzes v. 03.09.2010, BR-Drs. 534/10.

[3] Zu dem Gesetz die Kommentare von *Jaletzke/Veranneman*, FMStG. Kommentar, 2009, und *Becker/Mock*, FMStG. Kommentar, 2009; unterschiedliche verfassungsrechtliche Bedenken gegenüber der föderalen Ausgestaltung der Lastentragung bei *Becker/Mock* (Rdnr. 3), § 13 Rdnrn. 6 ff., 14 ff., sowie *Waldhoff*, Finanzmarktstabilisierung in der föderalen Ordnung, im Erscheinen.

Charakter, wie sie auch in dem Referentenentwurf eines Gesetzes zur Errichtung eines Restrukturierungsfonds für Kreditinstitute (RStruktFG) vorgesehen ist.[4]

Erfasst werden mithin 7

- Regelungselemente mit einer i.e.S. **präventiv-abschreckenden Funktion**, wie sie durch Abgaben erreicht wird, die risikoabhängig sind und prohibitiv auf die Eingehung hoher Risiken oder jedenfalls spürbar geschäftsdämpfend wirken;
- Regelungselemente mit einer **Krisenbewältigungsfunktion**, die durch den Einsatz der erhobenen Mittel zu Gunsten einzelner Finanzdienstleistungsunternehmen erreicht wird, die in die Krise geraten sind.

II. Persönlicher Anwendungsbereich der Abgabe

1. Nach Geschäftsbereichen

Als Abgabepflichtige kommen die Träger von Unternehmen der Finanzdienstleistungsbranche in Betracht. Hierzu zählen im engeren Sinne 8

- Kreditinstitute,
- Versicherungsunternehmen,
- Kapitalanlagegesellschaften (Investmentfonds einschließlich Hedge-Fonds),
- Pensionsfonds,
- Versorgungskammern.

Zu den **Kreditinstituten** gehören privatrechtlich verfasste Unternehmen, namentlich die privaten Banken jeder Größe einschließlich der Genossenschafts- und Landesbanken; zu den Kreditinstituten zählen ebenso aber auch die öffentlich-rechtlich verfassten Institute wie die Sparkassen (Einzelheiten: Rdnrn. 65 ff.). Denkbar ist eine Anknüpfung an die parallele Begriffsbestimmung in § 1 Abs. 1 KWG, die ihrerseits auf dem den dort niedergelegten Katalog typischer Bankgeschäfte beruht.[5] 9

Zu den **Versicherungsunternehmen** gehören alle Unternehmen, deren Betrieb darauf gerichtet ist, individuelle Risiken einer Vielzahl einzelner Kunden, deren Interessenkohärenz sie als homogene Kundengruppe erscheinen lässt, durch eine Risikoverteilung auf die Gesamtgruppe zu dämpfen. Einbezogen sind damit Schadens-, Unfall-, Sach-, Kranken-, Lebens- und Kreditversicherer einschließlich sämtlicher Misch- und Zwischenformen. Nicht als Versicherungsunternehmen sind daher z.B. die Emittenten von Optionsrechten und spiel- oder wettähnlichen Derivaten anzusehen. 10

---

4 Art. 3 des Restrukturierungsgesetzes (Reg-E v. 03.09.2010, oben Fn. 2).

5 So § 2 RStruktFG (Reg-E, oben Fn. 2).

11 Zu den **Pensionsfonds** zählen Einrichtungen zur individuellen kapitalgedeckten Altersvorsorge in privatrechtlicher, kommunaler oder kirchlicher Trägerschaft. In Betracht kommen damit folgerichtig auch die Systeme der betrieblichen Altersvorsorge.

12 Bei den **Versorgungskammern** handelt es sich primär um – oft öffentlich-rechtlich verfasste – Alterssicherungssysteme der freien Berufe.

13 Demgegenüber wird unterstellt, dass Unternehmen, die nur in einem weiten, eher untechnischen Sinn der Branche der Finanzdienstleistungsunternehmen zuzuordnen sind,[6] von vornherein nicht von der Abgabenpflicht erfasst werden. Hierzu zählen exemplarisch

- Vermittler von Finanzdienstleistungen,
- Wirtschaftsauskunfteien,
- Inkasso-Unternehmen,
- Erbringer von Hilfsleistungen, z.B. Hersteller und Betreiber von Rechenzentren etc.

2. Nach Rechtsform

14 Soweit Unternehmen nach Art ihrer Tätigkeit erfasst werden, ist weiter zu fragen, ob die Rechtsform dieser Unternehmen von Bedeutung ist. Insbesondere stellt sich die Frage, ob auch selbständig tätige Vermögensberater der Abgabenpflicht von Verfassungs wegen unterworfen werden können.

3. Nach Konzern- oder Unternehmensverbundsebene

15 Eine dritte Vorjustierung betrifft die Auswahl des richtigen Abgabeschuldners innerhalb heterogener Unternehmenshierarchien. Zwar kann bei der – gerade für große Finanzdienstleistungen typischen – Zergliederung in Holdinggesellschaften, Zwischengesellschaften und operativ tätige Sparten-, Landes- oder Servicegesellschaften eine beliebige Unternehmensebene von der Abgabepflicht betroffen sein. Zur Vermeidung einer – verfassungsrechtlich problematischen, jedenfalls rechtfertigungsbedürftigen – Doppelbelastung innerhalb ein und desselben Konzerns oder Finanzkonglomerats dürfte der Gesetzgeber aber gezielt eine Unternehmensebene herausgreifen.

16 Bei der Ausübung seines Auswahlermessens stehen dem Gesetzgeber dabei v.a. das Modell einer Abgabepflicht der Zentralholding (Tutti-Anknüpfung) und das Modell einer Abgabepflicht jeder einzelnen, den Tatbestand der Abgabe erfüllenden Einzelgesellschaft (Solo-Anknüpfung) zu Gebote. Wählt der Gesetzgeber das Modell einer Solo-Anknüpfung (dazu näher Rdnr. 260), wird er bei Banken den

---

[6] Vgl. die Typologie in § 1 Abs. 1a und Abs. 3 ff. KWG.

Rechtsträger zur Abgabe heranziehen, der über eine Banklizenz i.S.d. § 32 KWG verfügt; bei Versicherungsunternehmen den Rechtsträger, der die Voraussetzungen der §§ 5 ff. VAG erfüllt.

Für den Fall der Solo-Anknüpfung sind allerdings wirtschaftlich und/oder zivilrechtlich begründete Verstrebungen zwischen den Einzelgesellschaften zu berücksichtigen, soweit sie Bedeutung für die Tatbestandsmäßigkeit einer möglichen Abgabe haben könnten; dies gilt namentlich für die Identifikation systemischer Risiken nach Grund und Höhe. Zu derartigen Verstrebungen können Ergebnisabführungs- oder -übernahmeverträge, Patronatserklärungen, die Verwendung nicht fremdvergleichskonform ausgestalteter Konzernverrechnungspreise und alle sonstigen Verschiebungen von Wirtschaftsgütern, Liquidität oder Risiken zwischen den Konzerngesellschaften gehören. **17**

III. Zeitliche Ausgestaltung

Zu differenzieren ist weiter zwischen einer Ausgestaltung der Abgabe als **einmalige** Geldzahlungspflicht, als **befristete periodische** Abgabe oder als – jedenfalls zunächst – **unbefristete periodische** Abgabe. Dem Stand der politischen Diskussion und der Größe des Mittelbedarfs für den Zweck einer effektiven und nachhaltigen Krisenvorbeugung entsprechend, konzentrieren sich die folgenden Überlegungen dabei auf eine **unbefristete, periodisch erhobene** Abgabe.[7] **18**

IV. Bemessungsgrundlage

Bei der Entscheidung über die Bemessungsgrundlage der Abgabe wird der Gesetzgeber methodisch dreistufig vorgehen. **19**

1. Ausgangspunkt: Angestrebtes Aufkommen

Auf einer ersten Stufe ist eine Entscheidung über das angestrebte Aufkommen zu treffen, das die Abgabe in einer Periode erbringen soll. Aus rechtlicher Sicht lassen sich dazu kaum gesicherte Aussagen treffen. In der finanzpolitischen Diskussion wird ein jährliches Aufkommen von 1,2 Mrd. Euro pro Jahr genannt.[8] In Abhängigkeit von der Länge der Ansparphase (oben Rdnr. 18) lassen sich daraus Zielvorgaben für das Gesamtvolumen des Fonds entwickeln. **20**

---

[7] Vgl. § 12 Abs. 2 RStruktFG (Reg-E, oben Fn. 2).

[8] Erst die Strafe, dann der Fonds – Interview mit Bundesfinanzminister *Schäuble*, in: FAZ v. 24.03.2010; *Bernau*, Der Staat nimmt die Banken jetzt in die Pflicht, in: FAZ v. 29.03.2010; SPIEGEL ONLINE v. 31.03.2010, siehe http://www.spiegel.de/wirtschaft/soziales/0,1518,686679,00.html und http://www.spiegel.de/wirtschaft/soziales/0,1518,686641,00.html.

2. Identifikation geeigneter Kriterien

21 Auf einer zweiten Stufe hat der Gesetzgeber in Abhängigkeit von

- dem Verantwortungsgrad des einzelnen Abgabepflichtigen für die Erfüllung des mit der Abgabe verfolgten Sachzwecks und
- dem voraussichtlichen Nutzen der späteren Leistungen für den einzelnen Abgabepflichtigen

Kriterien zu bestimmen, anhand derer Sachverantwortung und Sachnutzen sinnvoll aggregiert werden können.

22 Das zentrale Kriterium, mit dem sich – bei der gebotenen typisierenden Betrachtung – der Verantwortungsgrad der einzelnen Gruppenmitglieder für die Förderung des Sachzwecks Finanzmarktstabilität abbilden lässt, ist die **Systemrelevanz** des einzelnen Unternehmens. Sie lässt sich als Produkt aus Größe des Unternehmens und dem unternehmerischen Risiko begreifen.[9]

3. Quantifizierungsmaßstäbe

23 Auf der dritten Stufe sind diese Kriterien je für sich zu quantifizieren und – bei Kriterienmehrheit – zueinander in ein arithmetisch plausibles Verhältnis zu setzen.

a) Unternehmensgröße

24 Quantifizierungsmaßstäbe für die Unternehmensgröße können sich aus der Rechnungslegung ergeben. Hier kann der Gesetzgeber z.B. anknüpfen an

- die Bilanzsumme,[10]
- den Nettogewinn,
- einen um Sondereffekte bereinigten Gewinn,
- Kennzahlen wie EBIT oder EBITDA,
- den Cash-flow,
- den operativen Umsatz,
- die Lohnsumme,
- Eigenkapital und/oder
- einzelne Bilanzpositionen

des Unternehmens.

---

[9] Vgl. hierzu und zu den nachfolgenden Quantifizierungsmaßstäben auch die Verordnungsermächtigung in § 12 Abs. 10 RStruktFG (Reg-E, oben Fn. 2).

[10] So die Regelungen bzw. Überlegungen in denjenigen Staaten, die bereits Bankenabgaben eingeführt haben oder in denen die Einführung unmittelbar bevor steht. Zu den Zahlen s. Szigetvari, Österreich ruft IWF wegen Ungarns Bankenabgabe an, in: Der Standard v. 6.7.2010.

Alternativ oder kumulativ kann er sich nichtbilanzieller Kennzahlen wie der Zahl der Beschäftigten oder betriebswirtschaftlicher Kennzahlen bedienen, die nicht unmittelbar aus der eigenen Rechnungslegung des Unternehmens entnommen sind. 25

Zudem ist zu entscheiden, ob die gewählte(n) Kennzahl(en) ausschließlich gegenwartsbezogen erhoben und verwendet werden, ob die Abgabe z.B. nach dem Durchschnitt der letzten drei Jahre bemessen werden soll oder ob schon im Hinblick auf die Unternehmensgröße (und nicht nur das Unternehmensrisiko; dazu unten Rdnr. 27 ff.) prognostische Elemente Verwendung finden. 26

b) Schadensgröße

Alternativ zur Unternehmensgröße ließe sich aber auch an die Größe des Schadens anknüpfen, der entstünde, wenn sich das Risiko verwirklicht, das die Abgabe verringern will. In dieser Perspektive kommt es nicht mehr unmittelbar auf die inneren Werte des abgabepflichtigen Unternehmens und insbesondere nicht automatisch auf dessen Größe an. Vielmehr ist auf diejenigen Positionen abzustellen, die bei Dritten – namentlich den geschäftlichen Gläubigern des Unternehmens, aber auch den ihm gesellschaftsrechtlich verbundenen natürlichen und juristischen Personen und öffentlichen Gläubigern – ausfallen, wenn das Unternehmen zahlungsunfähig wird. 27

Hierzu können primär zählen 28

- die Summe der Verbindlichkeiten[11] und/oder
- die Summe der Rückstellungen.

Daneben ist eine Bildung der primären Bemessungsgrundlage durch Anwendung einer Subtraktionsmethode denkbar, wie sie im März 2010 auch in die politische Diskussion eingeführt worden ist. So lässt sich die Schadensgröße auch als 29

- Überschuss der Bilanzsumme über das Eigenkapital und evtl. technische Rückstellungen, Rechnungsabgrenzungsposten o.ä.

ermitteln.

Sachangemessen, wenn auch mit einem hohen Quantifizierungsrisiko versehen, ist daneben die Verwendung von Indikatoren, die **Zweitrundeneffekte** einbeziehen. In dieser Perspektive ist der Schaden umso größer, je länger die Kette derjenigen Unternehmen ist, die in zweiter oder dritter Reihe stehen, d.h. von einer Zahlungsunfähigkeit des abgabepflichtigen Unternehmens indirekt mitbetroffen wären, obwohl sie nicht selber dessen Gläubiger sind. 30

---

[11] Vgl. in diese Richtung § 12 Abs. 10 Satz 2 RStruktFG (Reg-E, oben Fn. 2): Summe der gegenüber anderen Kreditinstituten eingegangenen Verbindlichkeiten.

c) Schadensrisiko

31 Als Indikatoren für das Schadensrisiko

$$0 \leq \sigma \leq 1$$

bieten sich Quotienten an, die zunächst isoliert das Risiko abbilden, dass das abgabepflichtige Unternehmen zahlungsunfähig wird (**Unternehmensrisiko**).

32 Falls neben oder an Stelle der Unternehmensgröße bei der Quantifizierung der Schadensgröße auch Zweitrundeneffekte in die Bemessungsgrundlage einfließen (oben Rdnr. 27 ff.), müssen folgerichtig auch die spezifischen Risiken dieser Zweitrundeneffekte einbezogen werden (**Domino-Risiken**). Sie stehen und fallen mit der Elastizität der Gläubiger des abgabepflichtigen Unternehmens: Die Systemrelevanz dieses Unternehmens ist umso geringer, je mehr seiner Gläubiger den Zahlungsausfall abfedern können, ohne selber zahlungsunfähig zu werden.

33 Daneben ist die Einbeziehung weiterer Indikatoren für den Anteil risikoreicher Geschäfte denkbar; so kann der Gesetzgeber z.B. an den Anteil anknüpfen, den bestimmte Transaktionstypen (z.B. die Emission, die Zeichnung oder Weitergabe von Derivaten) am Gesamtgeschäft des Abgabepflichtigen haben. Alternativ kann der Abgabengesetzgeber das Risiko dadurch abbilden, dass er eine Akzessorietät zu dem aufsichtsrechtlichen Regime oder – innerhalb eines Regimes – zu der aufsichtsrechtlichen Risikoklassifikation des betroffenen Unternehmens herstellt.

4. Kompetenzielle und verfahrensrechtliche Regelungen

34 Nahezu alle hier genannten Kriterien, die als materielle Quantifizierungsmaßstäbe in Betracht kommen, sind mit Bewertungsunsicherheiten verknüpft. Daher wird der Gesetzgeber zusätzlich zu den i.e.S. materiellen Regelungen Vorkehrungen dafür treffen, dass der Vorgang der Bewertung klaren und hinreichend rechtssicheren Regeln unterliegt. Sie müssen insbesondere die Frage des „quis iudicabit?“ beantworten.

V. Abgabesatz/-tarif

35 Von zentraler wirtschaftlicher Bedeutung ist die Festlegung eines Abgabensatzes. Alternativ zu einem einheitlichen, proportionalen Abgabesatz kann der Gesetzgeber prinzipiell – wie im Bereich der Steuern – eine Mehrheit von Sätzen, d.h. einen strukturierten Tarif vorsehen und auf diese Weise progressive Belastungen herbeiführen.

VI. Gläubiger

36 Als Gläubiger einer Abgabe auf Unternehmen des Finanzdienstleistungssektors kommen primär Zweckvermögen (Sondervermögen) des Bundes in Betracht. We-

gen seines zeitlich und sachlich eng umgrenzten Aufgabenfeldes ist hier allerdings weniger an den Sonderfonds Finanzmarktstabilisierung (SoFFin) als vielmehr an die Gründung eines neuen Sondervermögens gedacht. Ausweislich des Referentenentwurfs für ein Restrukturierungsfondsgesetz plant die Bundesregierung einen Restrukturierungsfonds für Kreditinstitute, der als Sondervermögen des Bundes bei der Bundesanstalt für Finanzmarktstabilisierung (FMSA) eingerichtet werden soll.[12]

Alternativ kommt die Gründung einer privatrechtlich verfassten Körperschaft in 37
Betracht. Diese Körperschaft könnte die Mittel aus dem Aufkommen der Abgabe selber (d.h. in ihrer Stammbilanz) oder sie durch ein von ihr getragenes und verwaltetes Sondervermögen vereinnahmen.

VII. Laufende Überwachung

Ferner wird der Gesetzgeber darüber zu befinden haben, wer die Sonderabgabe 38
vollzieht, den Vollzug beaufsichtigt und u.U. die Fortdauer ihrer ökonomischen und rechtlichen Legitimität überwacht. Hierfür kommen in Betracht:

- der Deutsche Bundestag, u.U. unter Beteiligung des Bundesrates
- der Bundesminister der Finanzen
- die Deutsche Bundesbank
- die Bundesanstalt für Finanzdienstleistungsaufsicht (BaFin)
- die Bundesanstalt für Finanzmarktstabilisierung (FMSA)[13] und/oder
- neu einzurichtende Organe, Gremien oder Behörden.

Schließlich sind verfahrensrechtliche Regelungen zu treffen, die die Auswahl pas- 39
sender Handlungsformen für die Erhebung der Sonderabgabe, aber auch für deren Korrektur einschließen.

VIII. Mittelverwendung

1. Leistungsfälle

Im Hinblick auf die Mittelverwendung bedarf die Einführung einer Sonderabgabe 40
einer Entscheidung darüber, in welchen Fällen und unter welchen zeitlichen, örtlichen und sachlichen Voraussetzungen Leistungen aus dem Fonds erbracht werden, den die Sonderabgabe speist. Die örtlichen Voraussetzungen verlangen eine internationale Abgrenzung.

---

[12] § 1 RStruktFG (Reg-E, oben Fn. 2).

[13] Eingerichtet durch § 3a Finanzmarktstabilisierungsfondsgesetz (FMStFG) v. 17.10.2008, BGBl. I, 1982.

2. Kreis und Anteil möglicher Nutznießer

41 Dass die Abgabe eine Gruppe gleichartiger Unternehmen und nicht gezielt einzelne Unternehmen betrifft, hat seinen Grund in einer mehrfachen Ungewissheit über den Kreis derjenigen, die tatsächlich Leistungen aus dem Mittelaufkommen in Anspruch nehmen werden. Ex ante hat der Gesetzgeber aber bereits eine hinreichende Konkretisierung dieses Nutznießerkreises anhand abstrakt-genereller Kriterien zu fixieren; nur so lassen sich Zielrichtung und Zwecksetzung der Abgabe bestimmen.

42 Rechtsfolgenseitig müssen diese Kriterien nicht nur Auskunft darüber geben, wer dem Grunde nach in den Genuss von Leistungen aus dem Abgabeaufkommen gelangt. Zusätzlich sind Regelungen erforderlich, die eine Bemessung dieser Leistungen anleiten und für den Fall der Knappheit Aufteilungsmaßstäbe für die Zuteilung von Leistungen an mehrere konkurrierende Gläubiger des Fonds enthalten.

3. Leistungsart

43 Geringer Spielraum besteht zudem in der Ausgestaltung der Art der Hilfeleistung:[14] In der Regel wird die Rettung eines in die Schieflage geratenen Unternehmens der Finanzdienstleistungsbranche durch die Zuführung neuer Liquidität, d.h. durch Geldzahlung realisiert. Diese Liquidität kann als verlorener Zuschuss i.S.e. echten Versicherungsleistung bereitgestellt werden.

44 Alternativ oder kombinatorisch kommen daneben aber auch verzinsliche oder unverzinsliche Darlehen, die Bereitstellung von Mitteln gegen Gewährung von Gesellschaftsrechten (Kapitalerhöhung, offene oder stille Gesellschaftsbeteiligung, evtl. unter Zwischenschaltung eines sog. Brückeninstituts),[15] die Hingabe von Sicherheiten, namentlich Bürgschaften und anderen Garantien sowie der Ankauf bereits kursierender Unternehmensanleihen[16] in Betracht. Eine fünfte Leistungsart besteht in der Befreiung von Verbindlichkeiten oder bestimmten näher spezifizierten Risiken. Insofern kann sich das Instrumentarium, auf das der Gesetzgeber bei der Ausgestaltung der abgabenfinanzierten Hilfe zurückgreift, ganz oder teilweise an die Handlungsformen anlehnen, die im Rahmen der umlagefinanzierten Rettungssysteme des FMStFG konzipiert worden sind.

4. Rückzahlung und Abführung

45 Schließlich können die Regelungen über die operative Mittelverwendung um Regelungen für die Verwendung überschüssiger Mittel aus dem Fonds ergänzt werden. Der Gesetzgeber kann dabei erwägen, Mittel aus dem Aufkommen an die

---

[14] Vgl. § 3 Abs. 2 RStruktFG (Reg-E, oben Fn. 2).

[15] §§ 5 und 7 RStruktFG (Reg-E, oben Fn. 2).

[16] § 6 RStruktFG (Reg-E, oben Fn. 2).

Abgabepflichtigen zurück zu zahlen, wenn sich bei mittelfristiger Beobachtung der Entwicklung des Aufkommens und einer erneuten Analyse der spezifischen Risiken ergibt, dass der Fonds – selbst unter Berücksichtigung eines adäquaten Risikozuschlags – mit geringeren Mitteln als den ihm derzeit zur Verfügung stehenden auskommen kann.[17]

Alternativ findet sich in der rechtspolitischen Diskussion die Anregung, überschüssige Mittel aus dem Aufkommen der Abgabe den allgemeinen Haushalten des Bundes oder der Länder – evtl. nach einer zuvor festgelegten Quote – zuzuführen.[18] **46**

---

[17] So die Überlegungen der Bundesregierung zu den die üblichen Beiträge übersteigenden sog. Sonderbeiträgen: § 12 Abs. 5 Satz 2 RStruktFG (Reg-E, oben Fn. 2).

[18] So etwa *Kampeter,* in: Rheinische Post v. 30.03.2010 (Verteilung von Überschüssen auf Bund und Länder im Verhältnis 60:40). Siehe hierzu http://www.presseportal.de/pm/30621/1587510/rheinische_post (29.07.2010).

B. Wirtschaftliches und normatives Umfeld

Die vorstehend skizzierte Vielzahl an Parametern zeigt vordergründig, wie breit der Gestaltungsspielraum des Gesetzgebers bei der Einführung einer Abgabe auf Unternehmen aus dem Bereich der Finanzwirtschaft ist. Dieser Spielraum wird allerdings durch eine Reihe ökonomischer Sachgesetzlichkeiten und verfassungsrechtlicher Rahmenbedingungen eingeschränkt. Die Detailanalyse der verfassungsrechtlichen Rahmenbedingungen (unten Rdnr. 136 ff. und Rdnr. 312 ff.) setzt zunächst eine Klärung des wirtschaftlichen und normativen Umfelds voraus, in dem die mit der Abgabe belegten Unternehmen agieren: Denn nur so lassen sich die Anforderungen konkretisieren, die an den Zuschnitt der mit der Abgabe belasteten Gruppe, die Ausgestaltung der Bemessungsgrundlage und an die Verhältnismäßigkeitsprüfungen zu stellen sind. 47

Eine Reihe makro- und mikroökonomischer Charakteristika ist dabei allen Unternehmen der Finanzdienstleistungsbranche gemeinsam (nachfolgend Rdnr. 49 ff.). Daneben sind zahlreiche Besonderheiten des Bankensektors (unten Rdnr. 63 ff.), der Versicherungswirtschaft (unten Rdnr. 94 ff.) und der sonstigen Finanzdienstleistungsunternehmen (unten Rdnr. 132 ff.) zu berücksichtigen. 48

I. Grundlagen

Im Gegensatz zur Realwirtschaft, die Allokationsentscheidungen in qualitativer Hinsicht umfasst, steht der Begriff der Finanzwirtschaft im Zusammenhang mit der zeitlichen Komponente der Güterallokation. Der Finanzmarkt zielt auf die optimale Bewältigung der Problematik der intertemporalen Allokation von Ressourcen. Seine Aufgabe besteht darin, die durch Konsumverzicht heute zur Verfügung gestellten Gelder auf die Beschaffung von Realkapital zu verteilen und ebenfalls eine Aufteilungsentscheidung über die damit erzielbaren Erträge zu treffen.[19] 49

Besondere Relevanz für die Kapitalallokation innerhalb dieses gesamtwirtschaftlichen Finanzierungskreislaufs haben diejenigen Finanzmarktteilnehmer, die als Intermediäre zwischen dem Anlagewunsch der auf Konsum verzichtenden Akteure und den Nachfragern von Kapital agieren. Auf Grund von Transaktionskosten und Informationsasymmetrien engagieren sich private Haushalte und sonstige Anbieter liquider Mittel nicht primär direkt an den Kapitalmärkten. Vielmehr nutzen sie zur 50

---

19 *Spremann/Gantenbein*, Kapitalmärkte, 2005, S. 9.

Geldanlage überwiegend die Dienste finanzieller Mittler, die bei den genannten Marktunvollkommenheiten Kapitalangebot und -nachfrage effektiver und kostengünstiger zusammenführen können als es die Anleger selber vermocht hätten. Als Kapitalsammelstellen verbessern diese finanziellen Intermediäre durch Losgrößen-, Fristen- und Risikotransformation grundsätzlich die Kapital- und Risikoallokation. Oft wird auch erst durch sie die intertemporale Allokation von Kapital möglich. Damit stärken sie in einer erweiterten Perspektive die Effizienz der Volkswirtschaft.

1. Begriff der Systemrelevanz

51 Gerade wegen dieser Bedeutung des Finanzmarktes für den Realmarkt sind diese Akteure für die Volkswirtschaft als Ganzes in vielen Fällen von unverzichtbarer Bedeutung. Als „*too big to fail*" oder „systemrelevant" werden dabei vorläufig diejenigen Akteure bezeichnet, die eine derart wichtige Rolle spielen, dass ihr Ausscheiden aus dem Markt durch Insolvenz nicht hingenommen werden kann, weil sie für das Funktionieren des Finanzmarktes unabdingbar sind und ihre Insolvenz die Stabilität des gesamten Finanzsystems bedrohen würde.[20] Angesichts der Sonderrolle des Finanzsektors für die Kapitalbeschaffung in der Realwirtschaft kann diese Insolvenz zusätzlich zu massiven Verwerfungen in der Realökonomie führen. In der Vergangenheit sind Insolvenzen von Finanzdienstleistungsunternehmen daher vielfach mittels staatlicher Unterstützung (sog. „*Bail-outs*") abgewendet worden.

52 Schwierigkeiten bereitet aber die präzise Bestimmung einzelner Marktakteure als systemrelevant. Derzeit bestehen aber in den Wirtschaftswissenschaften in allgemeiner Hinsicht keine akzeptierten und quantifizierbaren Kriterien, ab wann ein Finanzmarktteilnehmer eine derart wichtige Rolle spielt, dass seine Insolvenz zur Abwendung von Gefahren für den Finanz- und Realgütermarkt nicht hingenommen werden kann. Es können daher hier nur einige allgemeine Anhaltspunkt zur genaueren Bestimmung systemrelevanter Intermediäre gegeben werden. Die endgültige Einordnung einzelner Marktakteure als systemrelevant bleibt einer Einzelfallbetrachtung vorbehalten.

53 Zur Bestimmung der Systemrelevanz allein auf den Begriff der wirtschaftlich quantifizierbaren Größe abzustellen, kann allerdings ohne die Berücksichtigung weiterer Einflussfaktoren zu kurz greifen. So ist nicht allein die Größe eines Finanzmarktakteurs ausschlaggebend, sondern etwa auch die Realisierung seiner Risikoaffinität. Die Insolvenz eines Instituts kann ohne große Verwerfungen verlaufen, etwa wenn eine risikoarme Geschäftsstrategie verfolgt wurde.[21] In diesem Fall

---

[20] Vgl. auch *Marcus Günther,* Systemrelevanz von Finanzinstituten, WM 2010, 825 ff.

[21] Centrum für Europäische Politik, Die „too big to fail"-Problematik und die Europäische Finanzmarktregulierung (02/2010), S. 4 (Internet: http://www.cep.eu/fileadmin/user_upload/Kurz-Analysen/EU-Finanzmarktregulierung/CEP-Studie_too_big_to_fail.pdf, 01.04.2010).

steht den Gläubigern und damit dem Finanzmarkt als solches eine ausreichend große Haftungsmasse zur Verfügung. Die Auswirkungen auf das Funktionieren des Marktes selbst halten sich in einem nicht stabilitätsgefährdenden Ausmaß.

Zur Bestimmung der Systemrelevanz muss deshalb neben der Größe auch die Vernetzung des Marktteilnehmers berücksichtigt werden. So kann die Insolvenz eines kleinen Instituts, das aber sehr stark mit anderen Finanzmarktakteuren vernetzt ist, auch letztere in die Insolvenz treiben.[22] Die infolge der Vernetzung mit dem insolventen Marktakteur hervorgerufene Illiquidität der anderen Intermediäre schränkt die allgemeine Verfügbarkeit von Mitteln auf dem Finanzmarkt ein, dem damit das für sein reibungsloses Funktionieren erforderliche Kapital entzogen wird. Gleichzeitig kann im Rahmen einer kollektiven Koordination eine erhöhte Vernetzung auch einen gegenteiligen Effekt haben. So ist es möglich, dass notleidenden Marktteilnehmern von den durch die Vernetzung ebenfalls gefährdeten anderen Akteuren Liquidität zur Verfügung gestellt wird.[23] Das Risiko der einzelnen Marktteilnehmer wird im Rahmen der Vernetzung sozialisiert.[24] Erst wenn diese Hilfeleistung zu einer übermäßigen Belastung der anderen Marktteilnehmer führt oder sie ganz ausbleibt, kann es zu negativen Folgen für den Gesamtmarkt kommen. 54

Eine solche Vernetzung wird darüber hinaus angenommen, wo sich indirekte Auswirkungen in Form des Wegfalls der vom insolventen Institut erbrachten, für das Funktionieren des Marktes relevanten Dienstleitungen ergäben. Für die verbleibenden Intermediäre können wichtige Teile der Zahlungsverkehrs- sowie Clearing- und Abrechnungssysteme wegfallen. 55

Unter Berücksichtigung dieser Dienstleistungsvernetzung ergibt sich ein drittes Kriterium, das zur Bestimmung der Systemrelevanz herangezogen werden kann: Gradmesser für die Bedeutung des einzelnen Unternehmen für das Funktionieren des Gesamtmarktes ist auch das Ausmaß, in dem es für die Dienstleistungen eines Unternehmens Alternativen am Markt gibt. Sind alternative Anbieter für die nachgefragten Finanzdienstleistungen vorhanden, so ist die Wahrscheinlichkeit für ein Zusammenbrechen des Marktes aufgrund der Ausweichmöglichkeiten geringer. Verfügt das Unternehmen aber etwa über ein natürliches Monopol oder befindet sich der Markt in einem Angebotsoligopol, so kann der einzelne Anbieter durch- 56

---

22 Centrum für Europäische Politik, Die „too big to fail"-Problematik und die Europäische Finanzmarktregulierung (02/2010), S. 4 (Internet: http://www.cep.eu/fileadmin/user_upload/Kurz-Analysen/EU-Finanzmarktregulierung/CEP-Studie_too_big_to_fail.pdf, 01.04.2010).

23 *Yaron Leitner*, Financial networks: Contagion, commitment, and private sector bailouts, Journal of Finance 60 (2005), S. 2925 (2946 f.).

24 Zu der damit verbundenen „*Moral Hazard*"-Problematik und deren Auswirkungen, die bis zu einem Markversagen führen können, vgl. Franke/Hax, Finanzwirtschaft des Unternehmens und Kapitalmarkt, 6. Aufl. 2009, S. 458 f.

aus als systemrelevant eingestuft werden.[25] Die gleichen stabilisierenden Auswirkungen auf den Gesamtmarkt hat neben dem Vorhandensein alternativer Anbieter der gleichen Dienstleistung auch die Möglichkeit der Nachfrager, auf andere, substitutive Dienstleistungen auszuweichen. Wenn der wirtschaftliche Zweck der aus dem Markt fallenden Dienstleistungen zumindest in ähnlicher Weise durch Leistungen anderer Intermediäre erfüllt werden kann, wirkt das Wegfallen einzelner Anbieter nicht destabilisierend auf Finanz- und Realmarkt. In ähnlicher Weise wirken auch Einlagensicherungseinrichtungen, die im Falle eines Zusammenbruchs die bisher an den Intermediär erbrachten Leistungen des Kapitalanbieters absichern. Sie stellen in dieser Hinsicht einen Ersatz für die von dem insolventen Akteur nicht mehr zu erbringenden Leistungen dar und federn daneben auch den durch Informationsdefizite begünstigten Effekt eines „*bank run*" ab.[26]

57 Diese Ansatzpunkte zur Bestimmung der Systemrelevanz eines einzelnen Instituts erfordern damit zunächst eine Betrachtung der allgemeinen wirtschaftlichen Bedeutung der Marktteilnehmer und deren Verflechtungen untereinander. Erforderlich ist weiter eine Analyse der vorhandenen staatlichen und privaten Sicherungssysteme, die mit ihrer abfedernden Wirkung auf den Markt eine Rettung bestimmter Institute trotz grundsätzlich bestehender Systemrelevanz nicht notwendig macht.

2. Systemrelevante Gruppen

58 Institutionell kommen als systemrelevant vor allem drei Gruppen von Finanzmarktakteuren in Frage. Aufgaben als Intermediäre zwischen Kapitalangebot und -nachfrage übernehmen vor allem die Banken und die Versicherungen (dazu Rdnr. 63 ff. bzw. Rdnr. 94 ff.). Während die Banken Einlagen entgegennehmen und mit diesen grundsätzlich in vollem Umfang am Finanzmarkt tätig werden ausgeben, zeichnet sich bei den Versicherungen ein uneinheitlicheres Bild. Unterschiedliche Stellungen am Finanzmarkt übernehmen die Lebensversicherungen und teilweise die Krankenversicherungen auf der einen Seite und die Sach- und Unfallversicherungen als wichtigste Vertreter der übrigen Versicherungen auf der anderen Seite.

59 **Lebens- und Krankenversicherungen** ist die zeitliche Allokation von Kapital im Sinne einer Kapitalbindung zum einzelnen Versicherungsvertrag immanent. Sie sammeln Prämien und Beiträge ihrer Kunden, legen diese zu großen Teilen in Form von Finanzkapital an und zahlen erst später Leistungen aus. In Bezug auf die

---

[25] Centrum für Europäische Politik, Die „too big to fail"-Problematik und die Europäische Finanzmarktregulierung (02/2010), S. 4 (Internet: http://www.cep.eu/fileadmin/user_upload/Kurz-Analysen/EU-Finanzmarktregulierung/CEP-Studie_too_big_to_fail.pdf, 01.04.2010).

[26] Für die Interaktion von Sicherungssystemen und „Bank runs" siehe *Yehning Chen*, „Banking panics: The role of the first-come, first-served rule and information externalities", *Journal of Political Economy* 107 (1999), S. 946 ff.

Rückstellungen aus dem einzelnen Vertrag stellt sich ihre Situation in Bezug auf die intertemporale Allokation von Kapital demnach ähnlich der von Banken dar.

Die bei den Lebens- und Krankenversicherungen nur bedingt bedeutsame Sozialisierung von Risiken und damit die direkte Auszahlung der eingenommenen Prämien der Versichertengemeinschaft an einzelne Versicherungsnehmer nimmt jedoch bei den **Schadensversicherungen** eine weit wichtigere Stellung ein. Diese Versicherungsparte kann nur in Höhe der versicherungstechnischen Rückstellungen am Finanzmarkt teilnehmen. Die Leistungen dieser Versicherer werden aus den aktuellen Prämien bestritten. Risikorückstellungen für den einzelnen Vertrag werden nicht oder nur in geringem Umfang gebildet; eine Äquivalenz von Beiträgen und Leistungen in Bezug auf den einzelnen Versicherungsnehmer ist systematisch nicht vorgegeben. Die Bedeutung dieser Art von Versicherungen für das Finanzsystem als Ganzes kann damit schon aufgrund der betragsmäßigen Größe als geringer eingestuft werden.[27] 60

Somit ist schon an dieser Stelle ist darauf hinzuweisen, dass innerhalb der Versicherungswirtschaft deutlich zwischen der Schadensversicherung und kapitalbildenden Versicherungen, vorrangig also der Lebensversicherung, zu unterscheiden sein wird. Eine partielle funktionale Entsprechung kann allenfalls – und auch dort (wie zu zeigen sein wird: siehe unten Rdnrn. 213 ff.) nur mit Abstrichen – zwischen der kapitalbildenden Lebensversicherung und der Bankwirtschaft festgestellt werden. 61

Neben diesen beiden Anlegergruppen finden sich jedoch auch weitere Akteure (dazu Rdnr. 132 ff.), zu denen in erster Linie die Kapitalanlagegesellschaften und die von ihnen aufgelegten Investmentfonds zu zählen sind. 62

II. Bankensektor

Als wichtigster Intermediär auf dem Finanzmarkt ist das Bankensystem zu nennen, das sich in Deutschland traditionell in drei Säulen gliedert. Als Bankdienstleister werden die öffentlich-rechtlichen Institute (insbesondere Sparkassen), die Genossenschaftsbanken und die Privatbanken tätig. Diese primär aufgrund der rechtlichen Organisationsform getroffene Unterscheidung setzt sich sowohl in der Betrachtung der Systemrelevanz (dazu Rdnr. 64 ff.) als auch in der der Sicherungssysteme (dazu Rdnr. 69 ff.) fort. 63

1. Wirtschaftliche Bedeutung und Systemrelevanz

Wichtige Hinweise zur Bestimmung der Systemrelevanz bietet die Einschätzung des die Bankenaufsicht regelnden Gesetzgebers. Als systemrelevante Institute 64

[27] Vgl. Deutsche Bundesbank, Monatsbericht Dezember 2004, S. 34 f.

werden in Art. 6 Abs. 3 Aufsichtsrichtlinie der Deutschen Bundesbank[28] diejenigen Institute definiert, deren Bestandsgefährdung aufgrund ihrer Größe, der Intensität ihrer Interbankenbeziehungen und ihrer engen Verflechtung mit dem Ausland erhebliche negative Folgeeffekte bei anderen Kreditinstituten auslösen und zu einer Instabilität des Finanzsystems führen könnte.

65 Die drei Zweige des deutschen Bankensystems unterscheiden sich vor allem in der Anzahl der umfassten Institute. So sind neben den privaten Bankinstituten auch solche auf öffentlich-rechtlicher und genossenschaftlicher Basis zu finden. Das private deutsche Bankensystem besteht aus 283 Kreditbanken, von denen 105 als Zweigstellen ausländischer Banken geführt werden. Die öffentlichen Institute gliedern sich in zehn Landesbanken und 438 Sparkassen. Die von der Anzahl der Institute her größte Gruppe stellen die genossenschaftlichen Banken mit 1199 dar, denen zwei genossenschaftliche Zentralbanken übergeordnet sind. Auf dem Markt sind weiterhin 15 private und zehn öffentliche Bausparkassen vertreten.[29]

66 Gemessen an der Bilanzsumme in Höhe von 7,4 Billionen Euro stellen die Banken die mit Abstand wichtigste Gruppe der finanziellen Mittler dar.[30] Die Einlagen inländischer Unternehmen und Privatpersonen bei Banken belaufen sich insgesamt auf 2,617 Billionen Euro. Davon umfassen die Termineinlagen mit einer Befristung von über einem Jahr 26 %. Die Sichteinlagen liegen bei 31 %. Das Gesamtvolumen der Spareinlagen beträgt 544 Milliarden Euro. Davon entfällt mit 280 Milliarden Euro der größte Teil auf die Sparkassen und Landesbanken, während 150 Milliarden Euro bei den genossenschaftlichen Banken angelegt sind. Die Spareinlagen bei den übrigen Kreditinstituten belaufen sich auf 114 Milliarden Euro. Bei den Anlegergruppen dominieren die inländischen Privatpersonen mit einem prozentualen Anteil von 96 % an der Gesamtanlagesumme. Von inländischen Unternehmen stammen nur 0,7 %.[31]

67 Auf der Kreditseite sind insgesamt 1,332 Billionen Euro an Unternehmen und Selbständige vergeben worden. 1,011 Billionen Euro gingen an Privatpersonen. Der Anteil der langfristigen Kredite lag bei den Unternehmenskrediten bei 66 %, bei den Privatpersonen bei 90 %.[32] Die Summe der grundpfandrechtlich gesicherten Kredite belief sich auf 1,157 Billionen Euro. Davon entfielen 21 % auf die Kreditbanken, 35 % auf die Landesbanken und Sparkassen, 19 % auf die genossenschaftlichen Institute und 7 % auf Bausparkassen.

---

[28] Richtlinie zur Durchführung und Qualitätssicherung der laufenden Überwachung der Kredit- und Finanzdienstleistungsinstitute durch die Deutsche Bundesbank vom 21.02.2008.

[29] Zahlen für das Jahr 2008 aus Statistisches Jahrbuch 2009, S. 448.

[30] Deutsche Bundesbank, Monatsbericht März 2010, S. 20.

[31] Statistisches Jahrbuch 2009, S. 449.

[32] Statistisches Jahrbuch 2009, S. 450.

An festverzinslichen Wertpapieren inländischer Emittenten wurden 1,337 Billionen Euro brutto abgesetzt. Davon entfielen 72 % auf Bankschuldverschreibungen, 7 % auf Industrieobligationen und 21 % auf Anleihen der öffentlichen Hand. Bei Berücksichtigung der Tilgung lag der Nettoabsatz bei 122 Milliarden. Insgesamt lag der Umlauf festverzinslicher Wertpapiere am Jahresende bei 3,250 Billionen Euro.[33] In Bezug auf Aktien ergab sich ein Bruttoabsatz von 8 Milliarden Euro und ein Umlauf am Jahresende von 139 Milliarden.[34] **68**

2. Sicherungs- und Rettungssysteme im geltenden Recht

Die vorhandenen Sicherungs- und Rettungssysteme lassen sich nach den Adressaten ihrer Maßnahmen gliedern.[35] Zu nennen sind zunächst rein präventive Maßnahmen der Bankenaufsicht und der Eigenkapitalbeschränkungen (Rdnr. 70 ff.). Im Krisenfall kommt v.a. den Einlagensicherungssystemen zentrale Bedeutung zu; sie sichern die Kunden der Kreditinstitute ab (Rdnr. 79 ff.). Daneben können im Rahmen der sog. Institutssicherung die Banken und die übrigen Kreditinstitute selber Berechtigte des Sicherungssystems sein (Rdnr. 89 ff.). **69**

a) Bankenaufsicht und Eigenkapitalbeschränkungen

Die Hauptziele der Bankenaufsicht finden sich in § 6 KWG. Sie bestehen darin, Missständen im Kreditwesen entgegenzuwirken, welche die Sicherheit der den Instituten anvertrauten Vermögenswerte gefährden, die ordnungsgemäße Durchführung der Bankgeschäfte beeinträchtigen oder erhebliche Nachteile für die Gesamtwirtschaft nach sich ziehen können. Die Bankenaufsicht dient mithin dem Schutz der Institutsgläubiger als Gruppe, nicht primär einem Individualschutz; umfasst sind auch der Schutz des Vertrauens der Öffentlichkeit in die Funktionsfähigkeit der Kreditwirtschaft und der Schutz der Gesamtwirtschaft vor negativen Auswirkungen aus dem Bankenbereich. **70**

Institutionell obliegt die Aufsicht der Bundesanstalt für Finanzmarktaufsicht (BaFin).[36] Zu den Gegenständen der operativen Aufsicht zählen vor allem die Eigenkapitalvorschriften. **71**

Die Vorschriften für die Anforderungen aus der informellen „Basel II"-Vereinbarung als einem weltweiten Standard für die Eigenkapitalausstattung von Banken beziehen sich grundsätzlich auf international tätige Banken, wurden jedoch seitens **72**

---

33 Statistisches Jahrbuch 2009, S. 453.

34 Statistisches Jahrbuch 2009, S. 453.

35 Vgl. insgesamt *Röhl*, Finanzmarktaufsicht, in: Fehling/Ruffert (Hrsg.), Regulierungsrecht, 2010, § 18 Rdnr. 18 ff.; *Grabau/Hundt*, Die Sicherheit von Bankguthaben bei Zahlungsunfähigkeit inländischer Kreditinstitute, DZWIR 2003, 275 ff.

36 Zu deren institutioneller Stellung wiederum *Röhl*, Finanzmarktaufsicht (Fn. 35), Rdnr. 91 ff.

der Europäischen Gemeinschaft (nunmehr Europäische Union) auch auf national tätige Banken ausgedehnt. Die diesbezüglichen Richtlinien der Gemeinschaft 2006/48/EG[37] und 2006/49/EG[38] wurden in Deutschland durch das Kreditwesengesetz, die Solvabilitätsverordnung und die Mindestanforderungen an das Risikomanagement (MaRisk) umgesetzt.[39]

73 Die Maßnahmen zur Sicherstellung einer ausreichenden Eigenkapitalausstattung der Banken und deren Risikokontrolle gliedern sich in drei Säulen. So werden materielle Mindesteigenkapitalanforderungen durch einen formellen Überprüfungsprozess durch die Aufsichtsbehörde begleitet. Die dritte Säule bilden die Offenlegungspflichten.

74 Die Mindesteigenkapitalanforderung findet sich in § 10 KWG. Grundsätzlich sind die Institute danach verpflichtet, im Interesse der Erfüllung ihrer Verpflichtungen gegenüber ihren Gläubigern angemessene Eigenmittel vorzuhalten. Die bankaufsichtlichen Eigenmittelvorschriften richten sich auf die Fähigkeit der den Instituten anvertrauten Vermögenswerte, um damit die Verpflichtungen gegenüber ihren Gläubigern erfüllen zu können.[40] Die Angemessenheit der Eigenkapitalausstattung ist aufgrund der Ermächtigung in §§ 10 Abs. 1 Satz 9 und 11 KWG durch die Solvabilitätsverordnung[41] (SolvV) geregelt. Die Bestimmung der angemessenen Eigenmittel hängt nach § 1 Abs. 1 SolvV wesentlich von den Risiken ab, die die jeweilige Bank eingegangen ist.

75 Dabei werden Kreditrisiko, Marktpreisrisiko und operatives Risiko betrachtet. Beim **Kreditrisiko** handelt es sich um die Wahrscheinlichkeit, dass ein Vertragspartner aus finanziellen oder sonstigen Gründen nicht vertragskonform handelt oder ausfällt. Das **Marktrisiko** bündelt u.a. Zinsänderungs-, Währungs- und Aktienkursänderungsrisiken. Unter dem **operativen Risiko** versteht man die Gefahr von Verlusten, die infolge der Unangemessenheit oder des Versagens von internen Prozessen, Menschen und Systemen oder von externen Ereignissen eintreten.[42]

76 Im Rahmen des bankaufsichtlichen Überprüfungsprozesses überwacht die BaFin zudem auch diejenigen Risiken, die nicht nach der § 10 Abs. 1 Satz 1 KWG i.V.m.

---

37 Richtlinie v. 14.06.2006 über die Aufnahme und Ausübung der Tätigkeit der Kreditinstitute, ABl. Nr. L 177, 1.

38 Richtlinie v. 14.06.2006 über die angemessene Eigenkapitalausstattung von Wertpapierfirmen und Kreditinstituten, ABl. Nr. L 177, 201.

39 Näher *Röhl*, Finanzmarktaufsicht (Fn. 35), Rdnr. 112.

40 *Boos*, in Boos/Fischer/Schulte-Mattler, KWG, 3. Aufl. 2008, § 10 KWG Rdnr. 12.

41 Verordnung über die angemessene Eigenmittelausstattung von Instituten, Institutsgruppen und Finanzholding-Gruppen v. 14.12.2006, BGBl. I 2006, 2926, zuletzt geändert durch Art. 1 ÄndVO v. 23.12.2009, BGBl. I 2009, 3971.

42 Für die Quantifizierung dieser Risikoparameter siehe *Schulte-Mattler*, in Boos/Fischer/Schulte-Mattler, KWG, 3. Aufl. 2008, § 2 SolvV Rdnr. 2 ff.

der SolvV mit Eigenmitteln zu unterlegen sind. So sind die Banken verpflichtet, einen geeigneten Prozess zur Bewertung der Kapitaladäquanz in Relation zum Risikoprofil und eine Strategie zum Erhalt des Kapitallevels anzuwenden, dessen Einhaltung durch die BaFin überwacht wird. Gleichzeitig wird verlangt, dass die Banken oberhalb der gemäß Säule I geforderten Mindestkapitalhöhe operieren. Die konkrete Umsetzung erfolgte in den MaRisk.

Im Bereich der dritten Säule müssen die Institute nach § 26a Abs. 1 Satz 1 KWG re- **77** gelmäßig qualitative und quantitative Informationen über ihr Eigenkapital, die eingegangenen Risiken und ihre Risikomanagementverfahren, einschließlich der nach § 10 Abs. 1 Satz 2 KWG verwandten internen Modelle, der Kreditrisikominderungstechniken und der Verbriefungstransaktionen veröffentlichen.

Die Investitionsseite der Banken ist grundsätzlich durch die Möglichkeit freien **78** Wirtschaftens geprägt. Das KWG kennt kein grundsätzliches Verbot des Betriebs bankfremder Geschäfte. Lediglich in § 3 KWG wird ein enger Kreis verbotener Geschäfte definiert. Diese betreffen in erster Linie nicht das Anlageverhalten der Banken im Verhältnis zu Dritten, sondern das Verhältnis zu ihren Anlegern.[43] So ist der Betrieb des Einlagengeschäftes verboten, wenn der Kreis der Einleger überwiegend aus Betriebsangehörigen des Unternehmens besteht oder wenn der überwiegende Teil der Geldgeber einen Rechtsanspruch darauf hat, dass ihnen aus diesen Geldbeträgen Darlehen gewährt oder Gegenstände auf Kredit verschafft werden. Auch ist der Betrieb des Kreditgeschäftes oder des Einlagengeschäftes verboten, wenn es ausgeschlossen oder erheblich erschwert ist, über den Kreditbetrag oder die Einlagen durch Barabhebung zu verfügen.

b) Einlagensicherung

Für die Sicherungs- und Rettungssysteme, denen die deutschen Banken angehö- **79** ren, sind neben der Institutssicherung als solcher auch die Einlagensicherungssysteme in den Blick zu nehmen. Diese bilden einen wesentlichen Beitrag zur Vertrauensbildung in die Solvenz der einzelnen Bank und führen damit zu niedrigen Kapitalkosten, die ein wesentliches Element für die Sicherung eines funktionierenden Finanzmarktes darstellen.

Das Einlagensicherungs- und Anlegerentschädigungsgesetz (EAEG) sieht in § 6 **80** Abs. 1 Satz 2 Nr. 1 und 2 jeweils getrennte Entschädigungseinrichtungen für die beiden Institutsgruppen des § 1 Abs. 1 Nr. 1 EAEG vor. Somit haben die privatrechtlichen und die öffentlich-rechtlichen Institute jeweils getrennte Entschädigungseinrichtungen. Darüber hinausgehend existieren sowohl für den privatrechtlichen Sektor als auch für die öffentlichen Banken freiwillige Sicherungssysteme. Neben diesem zweistufigen Entschädigungsschema existiert ein zweites System, das nicht auf Ebene der Anleger greift, sondern indirekt über die betroffenen Insti-

---

[43] *Schäfer*, in Boos/Fischer/Schulte-Mattler, KWG, 3. Aufl. 2008, § 2 KWG Rdnr. 1.

tute zu deren Sicherung beiträgt. So werden gemäß § 12 Abs. 1 Satz 1 EAEG Institute keiner Entschädigungseinrichtung zugeordnet, wenn sie einer institutssichernden Einrichtung angehören.

81 Mit dem Einlagensicherungs- und Anlegerentschädigungsgesetz sind die Richtlinie 94/19/EG[44] des Europäischen Parlaments und des Rates und die Richtlinie 97/9/EG[45] umgesetzt worden. Hiermit ist ein europaweit einheitliches System für die Entschädigung von Einlegern und Anlegern geschaffen worden.

82 Die gesetzliche Einlagensicherung ist für Einlagen nach § 4 Abs. 2 Satz 1 Nr. 1 EAEG in absoluter Höhe auf 50.000 Euro begrenzt. Für Verbindlichkeiten aus Wertpapiergeschäften findet sich in § 4 Abs. 2 Satz 1 Nr. 2 EAEG eine Begrenzung in relativer und absoluter Höhe. So sind 90 % solcher Verbindlichkeiten bis zu einem Gegenwert von 20.000 Euro abgesichert. Der maximale Entschädigungsanspruch eines Gläubigers liegt demnach bei 70.000 Euro. Der Entschädigungsanspruch ist nach § 4 Abs. 1 Satz 2 EAEG ausgeschlossen, soweit die Einlagen nicht auf die Währung eines EU-Mitgliedsstaates oder auf Euro lauten. Institutionell gliedert sich die Einlagensicherung in die Einrichtung privater Banken und die der öffentlichen Banken. Inhaberschuldverschreibungen, sog. Kapitalbriefe, Wechsel und Aktien der insolventen Bank unterliegen nicht der Einlagensicherung. Jedoch besteht die Möglichkeit, sich hieraus ergebende Ansprüche gegen die Bank beim Insolvenzverwalter zur Insolvenztabelle anzumelden.[46] Das Entschädigungsverfahren der gesetzlichen Einlagensicherung und die Forderungsanmeldung im Insolvenzverfahren stehen unabhängig nebeneinander.[47]

83 Die Entschädigungseinrichtung deutscher Banken (EdB) in der Rechtsform einer GmbH stellt das Sicherungssystem der Einlagenkreditinstitute privaten Rechts dar. Die hierfür erforderlichen Mittel werden durch Beiträge der zugeordneten Institute aufgebracht. Sie bilden ein unselbständiges Sondervermögen des Bundes, das von der EdB verwaltet wird. Die EdB nimmt als beliehene Unternehmerin eine öffentlich-rechtliche Aufgabe wahr. Sie unterliegt der Aufsicht der Bundesanstalt für Finanzdienstleistungsaufsicht.

---

44 Richtlinie über Einlagensicherungssysteme v. 30.05.1994, ABl. L 135, 5, zuletzt geändert durch die Richtlinie 2009/14/EG v. 13.03.2009, ABl. L 68, 3; zu der Richtlinie etwa *Weber*, Das neue Einlagensicherungs- und Anlegerentschädigungsgesetz, Die Bank 1998, S. 470 ff.; *Weber*, Einlagensicherung und Anlegerentschädigung in Deutschland, Kreditwesen 2008, S. 560 f.; *Pehla*, Die Institutssicherung nach dem Einlagensicherungs- und Anlegerentschädigungsgesetz, Kreditwesen 2006, S. 298 ff.

45 Richtlinie über Systeme für die Entschädigung der Anleger v. 03.03.1997, ABl. Nr. L 84, 22.

46 *Grabau/Hundt*, Die Sicherheit von Bankguthaben bei Zahlungsunfähigkeit inländischer Kreditinstitute, DZWIR 2003, 275.

47 *Kübler*, Too big to fail? – Der lange Weg zur Bankinsolvenz, Kreditwesen 2009, S. 228 (229).

Der Beitrag zur EdB beträgt gemäß § 1 Abs. 1 Satz 1 EdBBeitrV[48] 0,016 % der Bilanzposition „Verbindlichkeiten gegenüber Kunden", mindestens jedoch 15.000 Euro pro Jahr. Bei der Bemessungsgrundlage des Beitrages bleiben nach § 1 Abs. 1 Satz 2 EdBBeitrV insbesondere Verbindlichkeiten gegenüber Kapitalanlagegesellschaften und gegenüber Investmentaktiengesellschaften außer Betracht. Ebenfalls nicht einbezogen sind Verbindlichkeiten gegenüber privaten und öffentlich-rechtlichen Versicherungsunternehmen und gegenüber dem Bund, einem Land, einem rechtlich unselbständigen Sondervermögen des Bundes sowie Verbindlichkeiten gegenüber Unternehmen, die mit dem Institut einen Konzern im Sinne des § 18 AktG bilden. Ferner gibt es gemäß § 1 Abs. 2 EdBBeitrV statt der Bemessung nach den Verbindlichkeiten die Möglichkeit, 1,1 % des potentiellen Umfangs der Entschädigungsansprüche nach § 4 EAEG zu leisten. **84**

Für die öffentlich-rechtlichen Institute wird die gesetzliche Einlagensicherung durch die Entschädigungseinrichtung des Bundesverbandes Öffentlicher Banken Deutschlands GmbH wahrgenommen. Für sie gelten ebenfalls die Vorgaben des EAEG, so dass auf die Ausführungen zum Entschädigungssystem der privaten Banken verwiesen werden kann. Derzeit sind dieser Einrichtung 21 öffentlich-rechtliche Banken zugeordnet.[49] **85**

Im Rahmen der freiwilligen Anschlussdeckung gibt es ebenfalls eine Zweiteilung in privatrechtliche und öffentlich-rechtliche Institute. So finden sich hier der Einlagensicherungsfonds des Bundesverbandes deutscher Banken e.V. und der Einlagensicherungsfonds des Bundesverbandes Öffentlicher Banken Deutschlands e.V. Ein Rechtsanspruch auf die Leistungen der freiwilligen Einlagensicherung besteht in beiden Systemen nicht.[50] **86**

Der Einlagensicherungsfonds des Bundesverbandes deutscher Banken e.V. sichert nach § 6 Nr. 1 seines Statuts[51] im wesentlichen Sicht-, Termin- und Spareinlagen sowie auf den Namen lautende Sparbriefe von Privaten, Unternehmen und öffentlichen Stellen ab. Inhaberpapiere wie Inhaberschuldverschreibungen und Inhaber-Einlagenzertifikate zählen dagegen nach § 6 Abs. 2 des Statuts nicht zu den vom Einlagensicherungsfonds geschützten Bankverbindlichkeiten. Die Sicherungsgrenze beträgt 30 % des haftenden Eigenkapitals im Sinne des § 10 Abs. 2 KWG. **87**

---

48 Verordnung des Bundesministeriums der Finanzen über die Beiträge zur Entschädigungseinrichtung deutscher Banken GmbH v. 10.07.1999, BGBl. I, 1999, 1540 in der Fassung der Zweiten Verordnung zur Änderung der Verordnung über die Beiträge zur Entschädigungseinrichtung deutscher Banken GmbH v. 17.08.2009, BGBl. I, 2009, 2879.

49 Stand 20.09.2010, vgl. http://www.voeb.de/ueber_uns/einlagensicherung_neu.

50 Siehe § 6 Nr. 10 Statut des Einlagensicherungsfonds des Bundesverbands deutscher Banken e.V. (Stand Juni 2009) und § 13 Satzung für den Einlagensicherungsfonds des Bundesverbands Öffentlicher Banken Deutschlands e.V. (Stand Mai 2007).

51 Statut des Einlagensicherungsfonds des Bundesverbands deutscher Banken e.V. (Stand Juni 2009).

Die mitwirkenden Institute sind nach § 5 des Statuts zur Entrichtung einer Jahresumlage verpflichtet. Deren Höhe beträgt grundsätzlich 0,6 % der Bilanzposition „Verbindlichkeiten gegenüber Kunden". Bei der Umlageberechnung bleiben ähnlich wie bei der gesetzlichen Einlagensicherung bestimmte Verbindlichkeiten unberücksichtigt.[52] Eine unbegrenzte Nachschusspflicht wie bei den gesetzlichen Entschädigungseinrichtungen besteht nicht.[53] Der Fonds wird von mehr als 180 Banken getragen.[54]

88 Der Einlagensicherungsfonds des Bundesverbandes Öffentlicher Banken Deutschlands e.V. ist vor allem im Außenverhältnis seinem privatrechtlichen Pendant in weiten Teilen vergleichbar. Zur Finanzierung ist gemäß § 8 Abs. 1 der Satzung[55] ein Gesamtvolumen des Fonds vorgesehen, das 0,1 % der gesicherten Einlagen aller Mitglieder entspricht. Dazu hat jedes angeschlossene Institut gemäß § 10 Abs. 2 der Satzung einen Jahresbeitrag in Höhe von 0,005 % der Summe der bei dem Institut gesicherten Einlagen zu leisten. Darüber hinaus besteht eine Nachschusspflicht für den Fall, dass das Fondsvermögen im Sicherungsfall nicht ausreichend ist. Diese Nachschusspflicht ist jedoch gemäß § 10 Abs. 5 Satz 2 der Satzung auf den auf das einzelne Mitglied entfallenden Teil des Gesamtvolumens des Fonds beschränkt. D.h., dass die Nachschusspflicht maximal 0,1 % der gesicherten Einlagen des jeweiligen Instituts betragen kann, wobei alle bereits geleisteten Beiträge berücksichtigt werden. Derzeit sind dreizehn Institute dem Einlagensicherungsfonds des Bundesverbands Öffentlicher Banken Deutschlands e.V. angeschlossen.[56]

c) Institutssicherung

89 Nach § 12 Abs. 1 EAEG sind Institute, die einer Sicherungseinrichtung angehören, die die Institute selbst sichern, von der Verpflichtung einer Einlagensicherung befreit. Neben dem System der Anlegerentschädigung ist somit auch ein System der indirekten Absicherung der Verbindlichkeiten durch die Sicherung der Solvenz des bedrohten Instituts möglich. Die Institutssicherung wird aber ausweislich der Gesetzesbegründung nicht als Mittel angesehen, den Gefahren und Schäden einer allgemeinen wirtschaftlichen Krise zu begegnen,[57] sondern dient primär der indirekten Absicherung der Anleger. Notwendigerweise umfasst diese Aufgabe aber auch die allgemeine Krisenbewältigung als Zwischenziel.[58] Unter diese Ausnahme von der sonst verbindlichen gesetzlichen Einlagensicherung fallen das Sparkas-

---

52 Siehe oben Rdnr. 84.

53 *Pannen*, Krise und Insolvenz bei Kreditinstituten, 3. Aufl. 2010, Kap. 4 Rdnr. 31.

54 Stand 20.09.2010, vgl. www.bankenverband.de/einlagensicherung.

55 Satzung für den Einlagensicherungsfonds des Bundesverbands Öffentlicher Banken Deutschlands e.V. (Stand Mai 2007).

56 Stand 20.09.2010, vgl. http://www.voeb.de/de/ueber_uns/einlagensicherung_neu.

57 BT-Drs. V/3500, 139.

58 Siehe auch unten Rdnr. 106.

sensystem und die genossenschaftlichen Banken. Gemeinsam ist beiden Systemen die risikoorientierte Beitragsbemessung.[59] Dabei finden die Grundsätze der SolvV Anwendung.

Bei den Sparkassen, Landesbanken und Landesbausparkassen besteht ein System von Sicherungseinrichtungen.[60] Dieser Haftungsverband umfasst elf regionalen Stützungsfonds der Sparkassen- und Giroverbände, die Sicherungsreserve der Landesbanken und den Sicherungsfonds der Landesbausparkassen. Finanziert werden die einzelnen Fonds durch Umlagen der Mitgliedssparkassen. Zwischen den einzelnen regionalen Stützungsfonds ist ein überregionaler Ausgleich möglich.[61] Die anderen Fonds müssen damit einspringen, wenn die Mittel eines regionalen Stützungsfonds nicht ausreichen. Als Stützungsmaßnahmen kommen nach § 12 Mustersatzung[62] die Eigenkapitalzufuhr, die Übernahme von Garantien oder Bürgschaften, Übernahme verzinslicher Schuldversprechen und die Erfüllung von Ansprüchen Dritter gegen das notleidende Institut in Frage. Die Beiträge zum Sparkassenstützungsfonds werden gemäß § 15 der Mustersatzung nach dem Risiko der Mitgliedssparkassen differenziert. 90

Schließlich hält der Deutsche Sparkassen- und Giroverband eine Sicherungsreserve für die Einlagen von Nichtbanken bei den Landesbanken und Girozentralen. Die Mittel der Sicherungsreserve bringen die Landesbanken und Girozentralen ebenfalls durch eine jährliche Umlage auf. Verknüpft sind die regionalen Stützungsfonds der Sparkassen und die Sicherungsreserve der Landesbanken durch einen Haftungsverbund.[63] Danach kann für Stützungsfälle auf Mittel aller drei Sicherungssysteme zurückgegriffen werden. 91

Für die genossenschaftlichen Banken besteht die Sicherungseinrichtung des Bundesverbands der Deutschen Volks- und Raiffeisenbanken e.V., der gemäß § 3 Abs. 1 des Statuts[64] alle Einlageninstitute angeschlossen sind, die Mitglieder des 92

---

[59] § 15 Mustersatzung für die Sparkassenstützungsfonds sowie Satzung für die Sicherungsreserve der Landesbanken und Satzung für den Sicherungsfonds der Landesbausparkassen i.V.m. den Grundsätzen für die risikoorientierte Beitragsbemessung der Sparkassen-Finanzgruppe; § 4 Abs. 1a Statut der Sicherungseinrichtung des Bundesverbands deutscher Volks- und Raiffeisenbanken i.V.m. Ziff. 2 a bis 2 c der Verfahrensregeln.

[60] Vgl. im Einzelnen *Rümker*, in Schimansky/Bunte/Lwoski, Bankrechts-Handbuch, 3. Aufl. 2007, § 124 Rdnr. 93 ff.

[61] Vgl. § 12 der Mustersatzung für die Sparkassenstützungsfonds der Regionalverbände (Stand 01.12.2004).

[62] Mustersatzung für die Sparkassenstützungsfonds der Regionalverbände (Stand 01.12.2004).

[63] Vgl. Satzung für den Haftungsverbund zwischen den Sparkassenstützungsfonds und der Sicherungsreserve der Landesbanken und Girozentralen sowie dem Sicherungsfonds der Landesbausparkassen (Stand 01.12.2005).

[64] Statut der Sicherungseinrichtung des Bundesverbands der Deutschen Volksbanken und Raiffeisenbanken e.V. (Stand 01.01.2010).

Bundesverbands sind. Wesentliche Elemente dieser Institutssicherung sind der Garantiefonds und der Garantieverbund. Für letzteren haben die Mitgliedsbanken gemäß § 5 des Statuts Garantieerklärungen gegenüber dem Bundesverband abzugeben. Zu Lasten des Garantieverbundes werden nach § 17 Abs. 3 des Statuts als Bilanzierungshilfen Garantien und Bürgschaften übernommen. Der Garantiefonds speist sich aus Jahresbeiträgen der Banken, die gemäß § 4 Abs. 1 lit. a des Statuts 0,5 % der Summe der Kredite betragen. Das daraus gebildete Volumen dient der Deckung von Bürgschafts- und Garantieverpflichtungen sowie Zuschüssen, Darlehen und Beteiligungen an Instituten zur Rekapitalisierung.[65] Die Sicherungseinrichtung des Bundesverbands der Deutschen Volks- und Raiffeisenbanken e.V. ist aber nicht allein auf Maßnahmen der Institutssicherung beschränkt. Gemäß § 1 Abs. 3 lit. a des Statuts werden ausdrücklich neben der Institutssicherung auch die Einlagen der Kunden und Schuldverschreibungen im Besitz der Kunden geschützt.[66] Das Institutssicherungssystem des Bundesverbands deutscher Volks- und Raiffeisenbanken konnte 2005 auf eine Summe von 532 Milliarden Euro zurückgreifen.[67]

93 § 12 Abs. 1 EAEG ist aber nicht zu entnehmen, ob die Institutssicherung verbindlich auszugestalten ist. Damit wird die Frage, ob eine objektive Rechtspflicht zur Unterstützung oder ein entsprechender subjektiver Anspruch bestehen muss, durch das nationale Recht nicht entschieden.[68] Art. 3 Abs. 1 Satz 3 der EG-Anlegerentschädigungsrichtlinie[69] setzt jedoch für die Möglichkeit der Institutssicherung voraus, dass den Anlegern dadurch ein zumindest gleichwertiger Schutz geboten wird. Ähnliche Anforderungen stellt Art. 2 Abs. 1 Satz 3 der Anlegerentschädigungsrichtlinie.[70] Der mittelbare Schutz erfordert damit eine verbindliche Ausgestaltung des Institutssicherungssystems oder zumindest bei Nichteingreifen der mittelbaren Sicherung einen Direktanspruch der Gläubiger gegen die Sicherungssysteme.[71] In ihrer derzeitigen Ausgestaltung sehen weder die Sicherungseinrichtungen der Sparkassen-Finanzgruppe noch die des Bundesverbandes der deutschen Volks- und Raiffeisenbanken ein verbindliches Institutssicherungssystem vor.[72] Die

---

65 Vgl. § 17 Abs. 2 des Statuts.

66 Vgl. weiterführend *Pannen* (Fn. 53), Kap. 4 Rdnr. 120.

67 Europäische Kommission, Investigating the efficiency of EU Deposit Guarantee Schemes, 2008, S. 13 (http://ec.europa.eu/internal_market/bank/docs/guarantee/deposit/report_en.pdf, 01.04.2010).

68 *Pehla*, Die Institutssicherung nach dem Einlagensicherungs- und Entschädigungsgesetz, Kreditwesen 2006, S. 298 (299).

69 Siehe oben Fn. 45.

70 Siehe oben Fn. 44.

71 *Pehla* (Fn. 68), S. 299 f.

72 Siehe § 20 Mustersatzung für die Sparkassenunterstützungsfonds; § 22 Satzung für die Sicherungsreserve der Landesbanken; § 21 Satzung für den Sicherungsfonds der Landesbausparkassen; § 27 Statut der Sicherungseinrichtungen des Bundesverbands deutscher

Entscheidung über die Stützung eines einzelnen Mitglieds ist in das Ermessen der jeweiligen Entscheidungsgremien gestellt.[73] Den Satzungen der Sicherungseinrichtungen kann jedoch ein ersatzweiser Anspruch der An- und Einleger im Fall der Verweigerung institutssichernder Maßnahmen entnommen werden.[74] Die fehlende Verbindlichkeit der Institutssicherung vermeidet die *Moral-Hazard*-Problematik. Die einzelnen Institute können nicht schlicht auf die Sicherungssysteme vertrauen, so dass eine Steigerung des Risikoverhaltens bis zu einer missbräuchlichen Ausnutzung der Sicherung nicht zu befürchten ist.[75] Gleichzeitig wird durch den subsidiären Anspruch der An- und Einleger gegen die Sicherungseinrichtungen selbst das Vertrauen der Gläubiger in das einzelne Institut aufrecht erhalten.

III. Versicherungssektor

Die zentrale Aufgabe des privaten Versicherungssektors besteht darin, individuelle Risiken abzusichern.[76] Dazu gehören verschiedene Arten von Schadensrisiken insbesondere in Form der Schaden- und Unfallversicherungsunternehmen, aber auch das Gesundheits- sowie das Todesfall- und Langlebigkeitsrisiko. Über die kapitalbildenden Lebens- und Rentenversicherungen werden mit dem Risikoelement kapitalbildende Maßnahmen verbunden. 94

1. Wirtschaftliche Bedeutung und Systemrelevanz[77]

a) Risikostruktur

Wichtigste Säule des Geschäftsmodells von Versicherungsunternehmen ist das Risikogeschäft, bei dem ein Transfer von Schadenverteilungen stattfindet. Die Kalkulation der Prämien für den Risikotransfer in der Schadenversicherung erfolgt auf Basis erwarteter Schadenanzahlen und erwarteter Schadenhöhen. Das 95

Volks- und Raiffeisenbanken. Das Fehlen eines solchen Anspruchs lässt die Einrichtungen nicht unter den Versicherungsbegriff des Versicherungssteuergesetzes fallen; vgl. § 2 Abs. 2 VersStG.

[73] § 12 Abs. 1 S. 1 Mustersatzung für die Sparkassenunterstützungsfonds; § 12 Abs. 1 S. 1 Satzung für die Sicherungsreserve der Landesbanken; § 12 Abs. 1 S. 1 Satzung für den Sicherungsfonds der Landesbausparkassen; § 17 Abs. 5 S. 1, 18 Abs. 4 S. 1 Statut der Sicherungseinrichtungen des Bundesverbands deutscher Volks- und Raiffeisenbanken.

[74] Vgl. § 2 S. 3 bis 5 Mustersatzung für die Sparkassenstützungsfonds sowie Satzung für die Sicherungsreserve der Landesbanken und Satzung für den Sicherungsfonds der Landesbausparkassen; § 1 Abs. 3 Statut der Sicherungseinrichtung des Bundesverbands deutscher Volks- und Raiffeisenbanken i.V.m. Ziff. 1 der Verfahrensregeln.

[75] *Pehla* (Fn. 68), S. 300.

[76] *Deutsche Bundesbank*, Der Versicherungssektor als Finanzintermediär, Monatsbericht 2004, S. 31 (32).

[77] Zur Systemrelevanz von Versicherungsunternehmen differenziert *The Geneva Association*, Systemic Risk in Insurance, 2010.

versicherungstechnische Risiko besteht in negativen Abweichungen der tatsächlichen Schadenzahlungen von der Risikoprämie inklusive Sicherheitszuschlag. Die Abweichungen resultieren zum einen aus Zufallseinflüssen zum anderen aus Unsicherheiten bei der Schätzung der relevanten Verteilungsparameter anhand historischer Zeitreihen und deren Fortschreibung in die Zukunft. In der Versicherungswirtschaft stellt die abgegebene Rückversicherung ein bewährtes Instrument der Risikoteilung dar. Der Einsatz verschiedener Formen der Rückversicherung dient zur Reduktion der versicherungstechnischen Risiken. Durch diese Reduktion kann die Relation von vorhandenen Eigenmitteln zu Kapitalbedarf verbessert werden. Gleichzeitig entsteht ein glättender Effekt hinsichtlich wirtschaftlicher Ergebnisse im Zeitablauf aufgrund der Senkung der Volatilität der versicherungstechnischen Ergebnisse.

96 Im Geschäftsmodell von Versicherungsunternehmen können zusätzlich Spar- und Entsparprozesse untrennbar mit dem Risikogeschäft verknüpft sein. Beispielsweise enthalten die Prämien in der Lebensversicherung oftmals neben Risikoanteilen auch Sparanteile, die zu verzinsen sind. Wesentliches Kennzeichen in der Lebensversicherung ist die Langfristigkeit der Verträge. Für die reine Schadensversicherung gilt freilich anderes.

97 Aus den beschriebenen Risiko- und Spargeschäften der Versicherungsunternehmen leitet sich ein Kapitalanlagebedarf ab. Dieser entsteht aufgrund der zeitlichen Verzögerung von Prämien- und Schadenzahlungen und der Notwendigkeit, die versicherungstechnischen Verpflichtungen jederzeit erfüllen zu können.

b) Bedeutung als Finanzintermediäre[78]

98 Der private Versicherungssektor weist – gemessen an seinem aggregierten Anlagebestand von 1,2 Billionen Euro – eine wesentlich geringere Bedeutung für den Finanzmarkt auf als der Bankensektor. Die zur Deckung der übernommenen Risiken gebildeten Rückstellungen, die sich aus den Beiträgen und Zinsgutschriften der Versicherten speisen, erreichten ein Volumen von gut einer Billion Euro beziehungsweise gut 80 % der gesamten Bilanzsumme.[79] 2007 waren in Deutschland 102 Lebensversicherungsunternehmen zugelassen. Deren Bruttobeiträge beliefen sich auf 74 Milliarden Euro. Demgegenüber vereinnahmten die 81 Krankenversicherungsunternehmen 29 Milliarden Euro. Die größte Gruppe stellen die 509 Schaden- und Unfallversicherungsunternehmen mit Beiträgen von 60 Milliarden Euro. Die 41 Rückversicherer vereinnahmten Beiträge von 40 Milliarden Euro.[80]

---

[78] Allgemein zur Funktion der Versicherungswirtschaft als Finanzintermediär *Deutsche Bundesbank*, Der Versicherungssektor als Finanzintermediär, Monatsbericht Dezember 2004, S. 31 ff.

[79] Statistik der BaFin 207 – Erstversicherungsunternehmen, S. 12.

[80] Statistisches Jahrbuch 2009, S. 457.

Insgesamt liegt die Summe der Kapitalanlagen der deutschen Versicherer sowie Pensions- und Sterbekassen bei 1.295 Milliarden Euro. Von diesen Anlagen entfielen 2 % auf Grundstücke, 5 % auf grundpfandrechtlich gesicherte Kredite, 22 % auf Anteile an Sondervermögen und Investmentgesellschaften, 20 % auf Schuldverschreibungen von Kreditinstituten, 9 % auf börsennotierte Schuldverschreibungen, 10 % auf nichtnotierte Gesellschaftsanteile und 17 % auf Anlagen bei Kreditinstituten.[81] Den größten Anteil an diesen Kapitalanlagen haben die Lebensversicherungsunternehmen, gefolgt von den Kranken- sowie Schaden- und Unfallversicherungsunternehmen. 99

Die Kapitalanlagen der Lebensversicherungsunternehmen beliefen sich 2008 auf 686 Milliarden Euro. Von diesen Anlagen entfielen 2 % auf Grundstücke, 8 % auf grundpfandrechtlich gesicherte Kredite, 24 % auf Anteile an Sondervermögen und Investmentgesellschaften, 23 % auf Schuldverschreibungen von Kreditinstituten, 7 % auf börsennotierte Schuldverschreibungen, 3 % auf nichtnotierte Gesellschaftsanteile und 17 % auf Anlagen bei Kreditinstituten.[82] 100

Die Krankenversicherungsunternehmen hielten Kapitalanlagen in Höhe von 151 Milliarden Euro. Von diesen entfielen 1 % auf Grundstücke, 2 % auf grundpfandrechtlich gesicherte Kredite, 19 % auf Anteile an Sondervermögen und Investmentgesellschaften, 29 % auf Schuldverschreibungen von Kreditinstituten, 5 % auf börsennotierte Schuldverschreibungen, 2 % auf nichtnotierte Gesellschaftsanteile und 27 % auf Anlagen bei Kreditinstituten. 101

Bei den Schaden- und Unfallversicherungsunternehmen teilen sich die Gesamtanlagen von 136 Milliarden Euro mit 3 % in Grundstücke, 1 % in grundpfandrechtlich gesicherte Kredite, 30 % in Anteile an Sondervermögen und Investmentgesellschaften, 15 % in Schuldverschreibungen von Kreditinstituten, 8 % in börsennotierte Schuldverschreibungen, 11 % in nichtnotierte Gesellschaftsanteile und 19 % in Anlagen bei Kreditinstituten auf.[83] 102

Die Rückversicherungsunternehmen hielten Kapitalanlagen von insgesamt 216 Milliarden Euro. Von diesen entfielen 1 % auf Grundstücke, 10 % auf Anteile an Sondervermögen und Investmentgesellschaften, 1 % auf Schuldverschreibungen von Kreditinstituten, 20 % auf börsennotierte Schuldverschreibungen, 48 % auf nichtnotierte Gesellschaftsanteile und 4 % auf Anlagen bei Kreditinstituten. Der Anteil von grundpfandrechtlich gesicherten Krediten fällt statistisch nicht ins Gewicht.[84] 103

[81] Statistisches Jahrbuch 2009, S. 457.

[82] Statistisches Jahrbuch 2009, S. 457.

[83] Statistisches Jahrbuch 2009, S. 457.

[84] Statistisches Jahrbuch 2009, S. 457.

2. Sicherungs- und Rettungssysteme im geltenden Recht

104 Die Sicherungs- und Rettungssysteme im deutschen Versicherungswesen gliedern sich im Wesentlichen in einem präventiven Bereich (dazu Rdnr. 105 ff.), der die Aufsicht und gewisse Anlagebeschränkungen umfasst sowie in den Bereich der auf aktuelle Krisensituationen reagierenden Systeme auf gesetzlicher und freiwilliger Basis (dazu Rdnr. 117 ff. und Rdnr. 123).

a) *Versicherungsaufsicht und Anlagebeschränkungen*

105 Die Aufsicht und die Anlagebeschränkungen für Versicherungen regeln sich nach dem VAG. Der persönliche Anwendungsbereich umfasst gemäß § 1 Abs. 1 Nr. 1 VAG Unternehmen, die außerhalb des Sozialversicherungssystems den Betrieb von Versicherungsgeschäften zum Gegenstand haben.

106 Ziel der Versicherungsaufsicht ist es ausweislich etwa des § 81 Abs. 1 Satz 2 VAG primär, den Versicherungsnehmer davor zu schützen, dass im Versicherungsfall der Versicherer das Versicherungsversprechen nicht einlösen kann. Daneben hat der Staat aber auch ein volkswirtschaftliches und soziales Interesse an der Erhaltung eines soliden, leistungsfähigen Versicherungswesens.[85] Dieser Zweck wird als Reflexwirkung einer Aufsicht zugunsten der Versicherten notwendigerweise mitverwirklicht. Der Schutz von Versicherungsunternehmen oder des Finanzmarktes entspringt daher aus dem Hauptzweck als notwendiges Zwischenziel im Wege einer Reflexwirkung.[86]

107 Institutionell obliegt die Versicherungsaufsicht für Versicherungsunternehmen, die im Geltungsbereich des VAG Privatversicherungen betreiben und ihren Sitz in Deutschland haben, der BaFin oder den Länderaufsichtsbehörden. Versicherungsunternehmen mit Sitz in einem anderen EU-Staat oder einem Vertragsstaat des EWR, die im Wege des Dienstleistungsverkehrs Geschäfte in Deutschland betreiben, unterliegen primär der Aufsicht durch ihren Herkunftsstaat. Die BaFin schreitet in Absprache mit der ausländischen Aufsichtsbehörde aber ein, wenn sie Verstöße gegen allgemeine deutsche Rechtsgrundsätze feststellt. Zur Erreichung ihrer Zielsetzungen beschränkt sie sich nicht auf die retrospektive Kontrolle, ob die gesetzlich bestimmten Voraussetzungen für die Führung des Geschäfts eingehalten worden sind, sondern sie wirkt durch eine qualitative Kontrolle aktiv auf das Geschäft der Versicherer ein.[87] Die Versicherungsaufsicht überwacht Unternehmen, denen sie die Erlaubnis erteilt hat, laufend.

---

[85] Begründung des Regierungsentwurfs zum VAG v. Mai 1901 in Motive zum Versicherungsaufsichtsgesetz, herausgegeben vom BAV (1963), S. 24.

[86] *Fahr/Kaulbach/Bähr*, VAG, 4. Aufl. 2007, Vorb. § 1 VAG Rdnr. 8 ff.; *Prölss*, VAG, 12. Aufl., München 2005, Vorb. Rdnr. 56 ff.; *Winter*, Versicherungsaufsichtsrecht, 2007, S. 51 ff.

[87] *Müller*, Versicherungsbinnenmarkt, 1995, Rdnr. 355.

Insbesondere muss die Eigenmittelausstattung (Solvabilität) des Versicherungsunternehmens nach § 53c Abs. 1 Satz 1 VAG ausreichend sein. Versicherungsunternehmen sind danach verpflichtet, zur Sicherstellung der dauernden Erfüllbarkeit der Verträge stets über freie, unbelastete Eigenmittel mindestens in Höhe einer gewissen Solvabilitätsspanne zu verfügen, die sich nach dem gesamten Geschäftsumfang bemisst.[88] Andernfalls hat der Versicherer der Aufsicht einen Solvabilitäts- oder Finanzierungsplan i.S.d. § 81b Abs. 1 Satz 1 VAG vorzulegen. **108**

Die Entwicklung auf Ebene der Europäischen Union geht jedoch zu einer strengeren Risikoüberwachung. Im Rahmen der noch nicht in nationales Recht umgesetzten Solvency II-Richtlinie[89] wird das aus der Bankenregulierung bekannte Modell der drei Säulen für den Versicherungssektor modifiziert. Die erste Säule der Art. 87 ff. der Richtlinie umfasst quantitative Vorschriften über die Höhe der Kapitalausstattung in Form einer formalen Mindestanforderung und einer unter Risikogesichtspunkten anzustrebenden Zielkapitalausstattung. Unterschiedliche Tätigkeitsfelder werden hinsichtlich ihrer Risikoexposition bewertet und begründen einen spezifischen Kapitalbedarf. Den daraus abgeleiteten gesamtunternehmensbezogenen Kapitalanforderungen werden dann die anrechenbaren Eigenmittel gegenübergestellt. Für die Ermittlung des sog. Zielkapitals ist grundsätzlich ein von der Aufsichtsbehörde vorgegebener Standardansatz anzuwenden. Die Ermittlung der Kapitalbedarfe und ihre Aggregation auf Unternehmensebene im Standardansatz erfolgt unter Berücksichtigung branchendurchschnittlicher historischer Parameter. Alternativ zu dieser Vorgehensweise können unternehmensindividuell entwickelte interne Modelle zur Berechnung von der Aufsichtsbehörde nach Art. 112 Abs. 1 der Richtlinie genehmigt werden. **109**

Die zweite Säule befasst sich mit qualitativen Anforderungen und Grundsätzen eines ordnungsgemäßen Risikomanagements, einer effektiven internen Kontrolle und deren aufsichtsrechtlicher Überprüfung. Gegenstand der dritten Säule ist die Offenlegung von Informationen gegenüber der Aufsichtsbehörde und gegenüber der Öffentlichkeit zur Förderung der Markttransparenz und der Marktdisziplin.[90] **110**

Besondere Bedeutung hat die Anlage der bei den Versicherungen eingelegten Beträge. So enthält das VAG besondere Vorschriften über den Geschäftsbetrieb und die Geschäftsführung, die ebenfalls der laufenden Aufsicht unterliegen. Diese umfassen auch die Möglichkeiten, die eingenommenen Beiträge zu investieren. Nach § 7 Abs. 2 Satz 1 VAG dürfen Versicherungsunternehmen neben Versicherungs- **111**

---

[88] Zur genauen Berechnung siehe die aufgrund von § 53c Abs. 2 VAG erlassene Verordnung über die Kapitalausstattung von Versicherungsunternehmen v. 13.12.1983, BGBl. I, 1451; zuletzt geändert durch Artikel 4 des Gesetzes v. 29.07.2009, BGBl. I, 2305.

[89] Richtlinie 2009/138/EG v. 25.11.2009 betreffend die Aufnahme und Ausübung der Versicherungs- und der Rückversicherungstätigkeit (Solvency II), ABl. L 335, 1.

[90] Vgl. näher *Schradin*, Betriebswirtschaftslehre der Versicherung (Versicherungsbetriebslehre), in: MüKo VVG, Rdnr. 39 ff.

geschäften nur solche Geschäfte betreiben, die hiermit in unmittelbarem Zusammenhang stehen. Die Durchführung typischer Bankgeschäfte in isolierter Form ist den Versicherungen damit nicht erlaubt. Insbesondere ist für Versicherungsunternehmen die Fremdkapitalfinanzierung in Form klassischer Kreditaufnahme nicht möglich.

112 Als Ausnahme davon dürfen Lebensversicherungsunternehmen nach Maßgabe des § 1 Abs. 4 Satz 1 VAG Kapitalisierungsgeschäfte betreiben. Obwohl Kapitalisierungsgeschäfte auch Bankgeschäfte darstellen können, werden sie Lebensversicherungsgeschäften gleichgestellt, wenn sie die Voraussetzungen des § 1 Abs. 4 Satz 2 VAG erfüllen. Zu dessen Voraussetzungen gehört, dass sämtliche einmalige oder wiederkehrende Prämien im Voraus nach Höhe und Dauer festzulegen sind. Gemäß Anlage A zum VAG ist das Angebot und die Durchführung von Kapitalisierungsgeschäften gegenüber der BaFin anzeigepflichtig.

113 Die gesamte Kapitalanlagetätigkeit einschließlich der Kapitalisierungsgeschäfte der unter das VAG fallenden Versicherer ist nach § 54 VAG in Bezug auf das Sicherungsvermögen und das sonstige gebundene Vermögen beschränkt. Mit Sicherungsvermögen wird nach § 66 VAG der Teil der Aktiva bezeichnet, der dazu dient, die Ansprüche der Versicherungsnehmer im Insolvenzfall zu sichern. Die versicherungstechnischen Rückstellungen sowie die Verbindlichkeiten und Rechnungsabgrenzungsposten, soweit sie aus Versicherungsverträgen stammen, bilden nach § 54 Abs. 5 VAG das gebundene Vermögen. Besondere Bedeutung bei den Möglichkeiten der Kapitalanlage hat dabei die nach § 54 Abs. 3 VAG erlassene Anlageverordnung (AnlV).[91]

114 Diese AnlV enthält für die Anlage des gebundenen Vermögens sowohl in qualitativer und quantitativer Hinsicht als auch mit Hinblick auf die personelle Konzentration auf einzelne Schuldner Beschränkungen. In qualitativer Hinsicht kann das gebundene Vermögen nach § 2 Abs. 1 AnlV nur in bestimmten Formen angelegt werden. Gemeinsam ist diesen Anlageformen, dass ihnen entweder ausreichend Sicherungsmittel gegenüberstehen oder dass sie an öffentlich-rechtliche Schuldner gehen. Nach §§ 2 Abs. 3, 3 Abs. 2 Nr. 4 AnlV besteht für Anlagen in anderen Formen eine quantitative Beschränkung. Die unter diese Öffnungsklausel fallenden Anlagen sind auf jeweils 5 % des Sicherungsvermögens und des sonstigen gebundenen Vermögens beschränkt. Unter Wahrung der Belange der Versicherten kann diese Anlagegrenze mit Genehmigung der Aufsichtsbehörde bis auf jeweils 10 % des Sicherungsvermögens und des sonstigen gebundenen Vermögens erhöht werden. Ferner gilt in personeller Hinsicht ein Streuungsgebot. Grundsätzlich dürfen nach § 4 Abs. 1 Satz 1 AnlV alle auf ein und denselben Schuldner entfallenden Anlagen 5 % des gebundenen Vermögens nicht übersteigen. Generell ausgeschlos-

---

[91] Verordnung über die Anlage des gebundenen Vermögens von Versicherungsunternehmen v. 20.12.2001, BGBl. I, 3913, zuletzt geändert durch Verordnung v. 21.12.2007, BGBl. I, 3278.

sen sind nach § 2 Abs. 4 AnlV u.a. direkte und indirekte Anlagen in Konsumenten- oder Betriebsmittelkredite, in immaterielle Werte oder in Forderungen aus nachrangigen Verbindlichkeiten.

In Bezug auf die Überwachung der einzelnen Anlagen schreibt die Anlageverordnung in § 1 Abs. 2 ausdrücklich vor, dass die Einhaltung der allgemeinen und besonderen Anlagegrundsätze durch ein qualifiziertes Anlagemanagement, geeignete interne Kapitalanlagegrundsätze und Kontrollverfahren sowie eine strategische und taktische Anlagepolitik sicherzustellen sind. Hierzu gehören insbesondere die Beobachtung aller Risiken der Aktiv- und Passivseite der Bilanz und des Verhältnisses beider Seiten zueinander sowie eine Prüfung der Elastizität des Anlagebestandes gegenüber bestimmten Kapitalmarktszenarien und Investitionsbedingungen. **115**

In der Summe zeigen Existenz und Ausgestaltung dieses versicherungsspezifischen Aufsichtsrechts, dass sich die normative Vorprägung der Krisenprävention im Bereich des Versicherungsmarkts fundamental von der Vorprägung des Bankenmarkts und des Markts der Wertpapierdienstleistungen unterscheidet (zur verfassungsrechtlichen und verfassungsgerichtlichen Würdigung dieses Antagonismus siehe unten Rdnrn. 219 ff.). **116**

b) Sicherungssysteme auf gesetzlicher Grundlage

Ein gesetzliches System der Sicherung im Bereich der Versicherungswirtschaft besteht seit 2004.[92] Eingebunden wurden die diesbezüglichen Regelungen in das Versicherungsaufsichtsgesetz. Nach § 124 Abs. 1 VAG sind Lebensversicherer und private Krankenversicherer verpflichtet, einem Sicherungsfonds anzugehören, der dem Schutz der Ansprüche ihrer Versicherungsnehmer, der versicherten Personen, Bezugsberechtigten und sonstiger aus dem Versicherungsvertrag begünstigter Personen dient. Für die Lebensversicherungsunternehmen nimmt die Protektor AG in staatlicher Beleihung diese Aufgabe war.[93] Auf der Seite der Krankenversicherungen wurde die Medicator AG beliehen.[94] **117**

Die Sicherung besteht in der Weiterführung der Versicherungsverträge im vollen vertraglich vereinbarten Umfang trotz der eingetretenen Insolvenzsituation des Versicherers. Durch Übertragungsakt der Aufsichtsbehörde geht gemäß § 125 Abs. 2 Hs. 1 VAG der gesamte Bestand der Versicherungsverträge mit den zur Bedeckung der Verbindlichkeiten aus diesen Verträgen erforderlichen Vermö- **118**

---

[92] Vgl. Gesetz v. 15.12.2004, BGBl. I, 3416.

[93] Siehe § 127 Abs. 1 Satz 1 VAG i.V.m. der Verordnung über die Übertragung von Aufgaben und Befugnissen eines Sicherungsfonds für die Lebensversicherung an die Protektor Lebensversicherungs-AG v. 11.05.2006, BGBl. I, 1170.

[94] Siehe § 127 Abs. 1 Satz 1 VAG i.V.m. Verordnung über die Übertragung von Aufgaben und Befugnissen eines Sicherungsfonds für die Krankenversicherung an die Medicator AG v. 11.05.2006, BGBl. I, 1171.

gensgegenständen auf den zuständigen Sicherungsfonds über. Die Fortführung der Verträge erfolgt grundsätzlich nach den ursprünglich vereinbarten Konditionen, d.h. unter Übernahme und Zahlung aller vertraglich garantierten Leistungen. Eine einseitige Anpassung ist nur im Ausnahmefall möglich. Reichen die Mittel des Sicherungsfonds nicht aus, so kann die Aufsichtsbehörde nach § 125 Abs. 5 Satz 1 VAG die Verpflichtungen aus Lebensversicherungsverträgen um maximal 5 % herabsetzen. Die Aufsichtsbehörde kann gemäß § 125 Abs. 5 Satz 2 VAG außerdem Anordnungen treffen, um einen außergewöhnlichen Anstieg der Zahl vorzeitiger Vertragsbeendigungen zu verhindern. Der Sicherungsfonds kann nach erfolgter Sanierung gemäß § 125 Abs. 6 Satz 1 VAG den Versicherungsbestand ganz oder teilweise auf in Deutschland zum Versicherungsgeschäft zugelassene Unternehmen übertragen.

119 Der Sicherungsfonds der Lebensversicherer wird durch Umlagesystem seitens der Branche finanziert. Die Summe der kumulierten Jahresbeiträge aller dem Sicherungsfonds für die Lebensversicherer angehörenden Versicherungsunternehmen beträgt nach § 129 Abs. 5 Satz 2 VAG 0,2 ‰ der Summe ihrer versicherungstechnischen Netto-Rückstellungen. Der individuelle Jahresbeitrag für Lebensversicherungsunternehmen bestimmt sich darüber hinaus aber auch nach der finanziellen Solidität des Unternehmens.[95] Im Bedarfsfall ist nach § 129 Abs. 5 Satz 5 VAG von jedem Unternehmen ein Sonderbeitrag zu zahlen, der höchstens 1 ‰ der versicherungstechnischen Netto-Rückstellungen betragen darf. Hierbei ist anders als bei den Jahresbeiträgen keine Modifizierung vorgesehen. Dabei gelten die Beiträge der Versicherer nach § 129 Abs. 1 VAG als Anlage im Sinne der AnlV, so dass er bei der Verwaltung dieser Mittel den allgemeinen Anlagebeschränkungen für Versicherungsunternehmen unterliegt (siehe oben unter Rdnr. 105 ff.).

120 Bei dem Sicherungsfonds für die Krankenversicherung gibt es keine Vorfinanzierung. Der Fonds erhebt stattdessen gemäß § 129 Abs. 5a Satz 2 VAG nach der Übernahme der Verträge zur Erfüllung seiner Aufgaben Sonderbeiträge bis zur Höhe von maximal 2 ‰ der Summe der versicherungstechnischen Netto-Rückstellungen.

121 In der Kraftfahrzeug-Haftpflichtversicherung existiert ein spartenspezifisches Insolvenzsicherungssystem, das sich anlassbezogen aus einer Umlage all jener Versicherungsunternehmen finanziert, die in Deutschland eine Kraftfahrzeug-Haftpflichtversicherung betreiben. Im Falle der Eröffnung eines Insolvenzverfahrens über das Vermögen des leistungspflichtigen Versicherers kann der Anspruchsberechtigte Ersatzansprüche auch gegenüber dem Entschädigungsfonds[96] geltend

---

[95] Vgl. insb. die Risikorangfolge des § 2 Abs. 5 Satz 1 der Verordnung über die Finanzierung des Sicherungsfonds für die Lebensversicherer v. 11.05.2006, BGBl. I, 1172, zuletzt geändert durch Art. 1 Erste ÄndVO vom 24.10.2006, BGBl. I, 2390.

[96] Der Entschädigungsfonds wurde durch § 1 der Verordnung über den Entschädigungsfonds für Schäden aus Kraftfahrzeugunfällen vom 14.12.1965 (BGBl. I, 2093) der Verkehrsopferhilfe e.V. zugewiesen.

machen (§ 12 Abs. 1 Nr. 4 PflVG). Die Leistung des Entschädigungsfonds besteht mithin nicht in einer Vertragsfortführung, sondern in der Regulierung offener Ansprüche des Drittgeschädigten.

Für andere Versicherungsarten besteht keine gesetzliche Verpflichtung für die Teilnahme an einem Sicherungssystem.[97] **122**

c) Sicherungssysteme auf freiwilliger Basis

Neben der Funktion als gesetzlicher Sicherungsfonds nimmt die Protektor AG auch Sicherungsfunktionen auf freiwilliger Basis wahr, dies allerdings nur nachrangig nach dem gesetzlichen Sicherungssystem.[98] Die Finanzierung dazu erfolgt anlassbezogen für die einzelne Sanierung.[99] Sie dient dem ergänzenden Schutz der Lebensversicherungsverträge für den Fall, dass die Mittel des gesetzlichen Sicherungsfonds bei einer zukünftigen Bestandsübertragung nicht zur Sanierung ausreichen. Besondere Bedeutung hat dabei die Unterstützung des Sicherungsfonds aus dem freien Vermögen der Protektor AG mit Finanzmitteln, insbesondere durch Darlehen oder Eigenmittel.[100] Gesellschafter der Protektor AG sind derzeit 92 Versicherungsunternehmen.[101] **123**

3. Der Fall AIG – auch in Deutschland denkbar?

Immer wieder ist die Frage gestellt worden, ob die Risiken, denen deutsche Versicherungsunternehmen unterliegen, mit der zumindest massiv krisenverschärfenden Bedeutung vergleichbar sind, die die *American International Group* (AIG) für die Finanzkrise in den USA hatte. **124**

Die 1919 in Shanghai gegründete AIG gehörte vor 2008 zu den 20 größten Unternehmen der Welt und war der weltweit größte und am weitesten verzweigte Versicherer. Bis zum Spätsommer 2008 versicherte AIG Kreditgeschäfte im Wert von 562 Mrd. US-Dollar, ohne dass – Presseberichten zufolge – die leitenden Angestellten des Unternehmens die mit dem Einsatz derivativer („strukturierter") Finanzierungsinstrumente verbundenen Risiken ausreichend erfasst hatten.[102] Mit der Subprime-Krise in den USA kam es zur massenhaften Inanspruchnahme der AIG durch in- und ausländische Gläubiger. Sie beruhten v.a. auf Kreditausfallversiche- **125**

---

97 Lediglich die Pensionskassen können nach § 124 Abs. 2 Satz 1 VAG dem Sicherungsfonds freiwillig beitreten.

98 Vgl. § 2 Nr. 3 Satz 3 der Satzung der Protektor Lebensversicherungs-AG, Stand 19.06.2008.

99 *Präve*, Der Sicherungsfonds für die Lebensversicherung, VersR 2005, 1023 (1030).

100 Vgl. § 2 Nr. 5 der Satzung der Protektor Lebensversicherungs-AG, Stand 19.06.2008.

101 Vgl. www.protektor-ag.de (20.09.2010).

102 Hierzu und zum Folgenden etwa Balzli u.a., Im Hauptquartier der Gier, in: DER SPIEGEL Heft 29/2009, S. 42 ff.; Kuls/Peitsmeier, Das Ende der Bewunderung, in: FAZ v. 28.02.2009, S. 14.

rungen für komplexe Anleihen (CDO), die zum Teil mit Hypotheken besichert waren.[103] AIG geriet dadurch mehrfach in die Nähe der Zahlungsunfähigkeit. Allein zwischen September 2008 und März 2009 haben die US-amerikanische Notenbank und die US-Regierung der AIG mehrere Liquiditätshilfen im Gesamtvolumen von rd. 200 Mrd. US-Dollar gewährt. Diese Interventionen wurden mit der Gefahr eines Kollaps des gesamten amerikanischen Finanzsystems begründet, der für den Fall einer Insolvenz von AIG befürchtet wurde. Wegen der starken Vernetzung von AIG mit ausländischen Handelspartnern (Kreditversicherungen gegenüber Finanzinstituten in mindestens sieben anderen Ländern) wäre der Domino-Effekt aus einer Insolvenz von AIG mit hoher Wahrscheinlichkeit nicht auf die USA beschränkt geblieben.[104] Angesichts des systemischen Risikos, das von AIG ausgehe, und der Zerbrechlichkeit der Finanzmärkte wären die potenziellen Kosten staatlicher Untätigkeit für die Konjunktur und die Steuerzahler extrem hoch gewesen.[105]

126 Methodisch lässt sich diese Frage ökonomisch (v.a. versicherungswirtschaftlich) und rechtlich (v.a. aufsichtsrechtlich) beantworten. Beide Ansätze können prinzipiell zu unterschiedlichen Ergebnissen führen; wie im Folgenden zu zeigen ist, weisen indes sowohl ökonomische als auch aufsichtsrechtsvergleichende Analysen in dieselbe Richtung.

127 Grundlage der **ökonomischen Analyse** ist dabei die besondere Risikostruktur von AIG, die sich aus dem Nebeneinander des Geschäfts mit Kreditderivaten (sog. Kreditversicherungsgeschäft) und des sonstigen Versicherungsgeschäfts in diesem Unternehmen ergab. Dabei hatte das Kreditversicherungsgeschäft einen exorbitant hohen Anteil: Nach Presseangaben hatten Kreditversicherungen zuletzt ein Risikovolumen von 562 Mrd. US-Dollar; sie waren überwiegend schlecht besichert. Vor allem aber war die Risikostruktur dadurch geprägt, dass es sich bei den von AIG versicherten Krediten primär um Bankkredite gehandelt hat. Damit nahm die AIG voll am Risiko der Banken teil, deren Kredite sie versichert hat. Zudem sind Risiken durch den Einsatz moderner Finanzmarktinstrumente, namentlich von *Collateralized Debt Obligations* (CDOs) und *Credit Default Swaps* (CDSs), zusätzlich intransparent gemacht worden.[106]

---

[103] *nks,* AIG macht 100 Milliarden Dollar Verlust, in: FAZ v. 03.03.2009, S. 11.

[104] So soll allein die Deutsche Bank AG in den Monaten September 2008 bis Februar 2009 rd. 11,8 Milliarden US-Dollar von AIG erhalten haben (*nks,* Deutsche Bank erhält 12 Milliarden Dollar von AIG, in: FAZ v. 17.03.2009, S. 11). Der demokratische Abgeordnete *Paul Kanjorski* vertrat in einer Anhörung des US-Repräsentantenhauses sogar die Auffassung, eine Insolvenz von AIG hätte „den Kollaps des europäischen Bankensystems bedeutet“ (*ruh,* AIG-Rettung bewahrt Deutsche Bank vor Milliardenverlust, in: FAZ v. 09.03.2009, S. 12).

[105] Gemeinsame Pressemitteilung des US-Finanzministeriums und der Federal Reserve Bank, zitiert nach *nks,* AIG macht 100 Milliarden Dollar Verlust, in: FAZ v. 03.03.2009, S. 11.

[106] Hierzu *Balzli u.a.*, Im Hauptquartier der Gier, in: DER SPIEGEL Heft 29/2009, S. 42 ff.

Demgegenüber haben die fünf deutschen Kreditversicherer[107] selbst in ihrer Gesamtheit ein erheblich geringeres Geschäftsvolumen.[108] Bei den versicherten Krediten handelt es sich auch nicht um Bankkredite. Gegenstand des Versicherungsschutzes ist vielmehr der Schutz vor Forderungsausfällen aus der Gewährung des sog. Lieferantenkredits im Zuge der Lieferung von Waren und Dienstleistungen (sog. Delkredereversicherung).[109] Während bei der Versicherung von Bankkrediten die zugrunde liegenden Risiken für den Versicherer oft unsichtbar bleiben, ist dies bei der Versicherung eines Warenkredits regelmäßig nicht der Fall. Auch kann der Kreditversicherer, sofern sich die Bonität eines Abnehmers des kreditversicherten Lieferanten verschlechtert, den Versicherungsschutz für künftige Lieferungen vertragsgemäß kürzen oder aufheben. Zudem entfällt bei Warenkrediten das spezifische Risiko, das sich bei der Verbriefung von Bankkrediten daraus ergibt, dass die Banken dazu geneigt waren, das Risiko aus diesen Krediten nur deshalb auszulagern, damit sie wieder eine höhere Eigenkapitalquote ausweisen und auf diese Weise anderweitig neue Geschäfte tätigen konnten. Aus allen diesen Gründen fehlt den deutschen Kreditversicherern das besondere Risiko, das im Fall der AIG die Krise letztlich ausgelöst hat. **128**

Ein zivilrechtlicher, ökonomisch ebenfalls in hohem Maße relevanter Unterschied zwischen US-amerikanischen und deutschen Kreditversicherern besteht in der vertraglichen Definition des Versicherungsfalles. Während US-amerikanische Kreditversicherer bereits dann leistungspflichtig sein können, wenn die Bonität des Schuldners des versicherten Kredits herabgestuft wird, beschränkt sich die Leistungspflicht deutscher Kreditversicherer regelmäßig auf den Fall des Totalausfalls der versicherten Forderung.[110] Durch die amerikanische Regelung wird der Versicherungsnehmer zwar begünstigt; die bei den Versicherern auflaufenden Risiken weisen aber eine ungleich höhere Volatilität und Reaktionsgeschwindigkeit auf als in Deutschland. Positiv gewendet: Die deutschen Versicherer federn die Veränderungen in der Bonität der Schuldner der versicherten Kredite solange ab, wie es nicht zum Ausfall des Kredits kommt, und geben bis zu diesem Zeitpunkt keinerlei „Schwingungen" an den Markt weiter. Die – in hohem Maße krisenverschärfend wirkende – Elastizität der Versicherungskosten in Bezug auf die Bonität der Schuldner ist in Deutschland deshalb erheblich geringer als in den USA. **129**

---

[107] Euler Hermes Kreditversicherungs-AG Hamburg, Atradius Kreditversicherung, Köln; Coface Deutschland AG, Mainz; R + V Allgemeine Versicherungs-AG, Wiesbaden; Zürich Versicherungs-AG, Frankfurt a.M.

[108] Vgl. Statistisches Jahrbuch 2009, S. 460.

[109] *Herrmann* in: *Beckmann/Matusche-Beckmann* (Hrsg.), Versicherungsrechts-Handbuch, 2. Aufl. 2009, § 39 Rdnr. 2.

[110] § 12 Nr. 1 lit. a–f AVB Warenkredit, Euler Hermes Kreditversicherung (http://www.fortmann-fs.de/files/financesecure.de_avb_w1984.pdf).

130 Erst recht zeigen sich die spezifischen Unterschiede zwischen US-amerikanischen und deutschen Kreditversicherern, wenn man zusätzlich zur ökonomischen Perspektive die jeweiligen **aufsichtsrechtlichen Vorgaben** in die Betrachtung einbezieht. In Deutschland unterliegen die fünf Kreditversicherer wegen ihrer besonderen Risikoklassifizierung in § 6 Abs. 4 Satz 2 i.V.m. Anlage A Nr. 14 VAG besonderen aufsichtsrechtlichen Vorgaben. Obwohl 1990 die bisherige Spartentrennung des deutschen Versicherungsaufsichtsrechts im Rahmen der Umsetzung der Richtlinie 87/343/EWG[111] aufgehoben worden ist (§ 6 Abs. 4 Satz 1 VAG), umfasst bis heute die allgemeine versicherungsrechtliche Zulassung nach § 6 VAG nicht die Erlaubnis zum Betrieb des Kreditversicherungsgeschäfts. Nach § 6 Abs. 4 Satz 2 VAG werden Risiken, die unter die in der Anlage Teil A Nr. 14, 15 und 17 genannten Versicherungssparten fallen, nicht als zusätzliche Risiken von der Erlaubnis zum Betrieb anderer Sparten umfasst. Daneben gilt für die Kreditversicherer auch das allgemeine Verbot des § 7 Abs. 2 VAG, in versicherungsfremden Geschäftsfeldern tätig zu werden (hierzu näher unten Rdnr. 225).

131 Das alles zeigt, dass auch in der normativen Vorprägung das Kreditversicherungsgeschäft – selbst wenn es ausschließlich Warenkredite betrifft – gegen das sonstige Versicherungsgeschäft abgegrenzt ist. Insofern erscheint sowohl in der ökonomischen als auch in der versicherungsaufsichtsrechtlichen Perspektive ein „Fall AIG" bei den deutschen Kreditversicherern als in hohem Maße unwahrscheinlich.

IV. Sonstige Finanzdienstleistungsunternehmen

1. Wirtschaftliche Bedeutung und Systemrelevanz

132 Transaktionskosten im Bereich des Finanzmarktes begünstigen die Marktteilnahme von sog. Intermediären. Diese führen zur Verringerung der Kosten für die Marktbenutzung, indem sie für einen gewissen Bereich den freien Tausch durch Anweisungen ersetzen. Sie werden so lange vom Markt in Anspruch genommen, wie ihre Kosten die der direkten Koordination zwischen Anbieter und Nachfrager nicht übersteigen. Sie übernehmen die Aufgabe der Allokation kontraktwilliger Interessenten, nehmen beratend Einfluss auf die Vertragsinhalte (insbesondere die Preisbestimmung) und unterstützen bei der Vertragsausführung und -überwachung. Gleichzeitig übernehmen sie in Märkten mit Informationsdefiziten die Bereitstellung entsprechender Daten.

133 Damit fallen neben den Banken und Versicherungen auch sonstige Vermittler von Finanzdienstleistungen unter die Akteure auf dem Finanzmarkt. Als wichtigster Intermediär dieser Gruppe sind die Investmentgesellschaften zu nennen, die Investmentfonds auflegen und verwalten. Derzeit befinden sich 78 solche Gesellschaften

[111] ABl. EG Nr. L 185 v. 22. 06. 1987, S. 72 ff.

am Markt.[112] Der Bestand der 10.378 Spezial- und Publikumsfonds deutscher Provenienz liegt derzeit bei 1.382 Milliarden Euro.[113] Als besondere Gruppe der Fonds sind sog. Hedge-Fonds zu nennen, die in ihrer Anlagestrategie keinen Beschränkungen bei der Auswahl der Vermögensgegenstände unterworfen sind.

2. Sicherungs- und Rettungssysteme im geltenden Recht

Die zulässigen Vermögensgegenstände sind für Kapitalanlagegesellschaften nach 134
§ 46 InvG beschränkt. Die §§ 47 bis 52 InvG enthalten umfangreiche Ausnahmen in Bezug auf die möglichen Anlagegüter. Für die risikoreicheren Hedge-Fonds finden sich um InvG besondere Regelungen. Zwar unterliegen diese nicht den Anlagebeschränkungen nach § 2 Abs. 4 InvG, sie dürfen allerdings nach § 112 Abs. 2 Satz 1 InvG nicht öffentlich vertrieben werden. Ferner müssen die Vertragsbedingungen gewisse Sicherungsinstrumente enthalten. So sind nach § 112 Abs. 1 Satz 3 InvG Anlagen in Beteiligungen an Unternehmen, die nicht an einer Börse zugelassen sind, auf 30 % des Wertes des Sondervermögens beschränkt.

Im Rahmen der Einlagensicherung ist für Finanzdienstleister, Kreditinstitute, die 135
keine Einlagekreditinstitute sind, und Kapitalanlagegesellschaften die Entschädigungseinrichtung der Wertpapierhandelsunternehmen (EdW) zuständig. Diese gewährleistet die gesetzliche Entschädigung nach dem EAEG, die bereits im Rahmen der Entschädigungseinrichtung dargestellt wurde (siehe oben unter Rdnr. 79 ff.). Eine eigene freiwillige Anschlussdeckung der Wertpapierhandelsunternehmen besteht nicht.[114]

---

[112] Vgl. www.bvi.de (20.09.2010).

[113] Investmentfonds des Bundesverbands Investment und Asset Management e.V. und ausländische Investmentfonds deutscher Provenienz, vgl. BVI-Investmenstatistik, Stand 31.01.2010, abrufbar unter www.bvi.de.

[114] *Pannen* (Fn. 53), Kap. 4 Rdnr. 106.

C. Finanzverfassungsrechtliche Vorgaben

Im internationalen Vergleich sind die verfassungsrechtlichen Anforderungen, die der deutsche Gesetzgeber bei der Einführung und Ausgestaltung neuer, sektorspezifischer Abgaben zu beachten hat, besonders streng.[115] Zentraler Prüfungsmaßstab für die materiell-verfassungsrechtliche Zulässigkeit sind die geschriebenen und ungeschriebenen Vorgaben der bundesstaatlichen Finanzverfassung im X. Abschnitt des Grundgesetzes (Art. 104a-115 GG); daneben sind grundrechtliche Begrenzungen zu beachten (unten Rdnr. 312 ff.). 136

Aus den materiell-finanzverfassungsrechtlichen Vorgaben ergibt sich – allgemein anerkannt – der Grundsatz der Formenstrenge von Abgabentypen (Rdnr. 138 ff.). Da für die von der Bundesregierung avisierten Belastungen der Finanzdienstleistungswirtschaft allein der Typus Sonderabgabe in Betracht kommt (Rdnr. 143 ff.), hängt die finanzverfassungsrechtliche Zulässigkeit der Abgabe – von formellen Voraussetzungen (Rdnr. 165 ff.) abgesehen – im Wesentlichen von vier materiellen Voraussetzungen ab (Rdnr. 173 ff.): der Bestimmtheit und Legitimität des Sachzwecks, die Homogenität der Gruppe der Abgabepflichtigen, deren besondere Finanzierungsverantwortung für den Sachzweck und die Gruppennützigkeit der Mittelverwendung. Zu beachten sind ferner formelle Anforderungen (Rdnr. 287 ff.). 137

I. Abgabentypen

Die bundesstaatliche Finanzverfassung ist im Kern eine Steuer- und Haushaltsverfassung. Nichtsteuerliche Abgaben bedürfen daher einer besonderen Rechtfertigung. Das ergibt sich aus der – freiheitsrechtlich gebotenen – Grundentscheidung des Grundgesetzes für die Staatsfinanzierung durch Steuern (sog. Steuerstaatsprinzip), vor allem aber angesichts des Gebots einer Wahrung des föderalen Gleichgewichts nach Maßgabe des primären (Art. 106, 106a GG) und sekundären (Art. 107 GG) Finanzausgleichs. Das Grundgesetz richtet eine steuerstaatliche Ordnung auf, die davon ausgeht, dass die Staatsfinanzierung in erster Linie durch Steuern erfolgt: Die Finanzverfassung des Grundgesetzes (Art. 104a ff.) erweist sich als „Steuerfinanzverfassung“. Gleichwohl kennt die Rechtsordnung schon seit langem auch nichtsteuerliche Abgaben wie insbesondere Gebühren, Beiträge und 138

---

[115] Zu den Vorgaben der Schweizer Bundesverfassung, auch im Rechtsvergleich zu Deutschland, *Hettich/Wettstein*, Rechtsfragen um Kostenanlastungssteuern, in: ASA 78 (2009/10), S. 537 ff. (551 ff.).

Sonderabgaben. Diese werden von der Verfassung teilweise selbst anerkannt (vgl. für Gebühren etwa Art. 74 Abs. 1 Nr. 22; 80 Abs. 2 GG), bedürfen jedoch stets einer besonderen Rechtfertigung. In einer der jüngeren Entscheidungen zur Problematik hat das Gericht wie folgt formuliert:

139 „Drei grundlegende Prinzipien der Finanzverfassung begrenzen die Auferlegung nichtsteuerlicher Abgaben [...]:

- Zur Wahrung der Geltungskraft der Finanzverfassung bedürfen nichtsteuerliche Abgaben – über die Einnahmenerzielung hinaus oder an deren Stelle – einer besonderen sachlichen Rechtfertigung. Sie müssen sich zudem ihrer Art nach von der Steuer, die voraussetzungslos auferlegt und geschuldet wird, deutlich unterscheiden.
- Die Erhebung einer nichtsteuerlichen Abgabe muss der Belastungsgleichheit der Abgabepflichtigen Rechnung tragen. Der Schuldner einer nichtsteuerlichen Abgabe ist regelmäßig zugleich Steuerpflichtiger und wird schon als solcher zur Finanzierung der Lasten herangezogen, die die Gemeinschaft treffen. Neben dieser steuerlichen Inanspruchnahme bedürfen nichtsteuerliche Abgaben, die den Einzelnen zu einer weiteren Finanzleistung heranziehen, einer besonderen Rechtfertigung aus Sachgründen.
- Der Verfassungsgrundsatz der Vollständigkeit des Haushaltsplans (Art. 110 Abs. 1 GG) ist berührt, wenn der Gesetzgeber Einnahmen- und Ausgabenkreisläufe außerhalb des Budgets organisiert. Der Grundsatz der Vollständigkeit des Haushalts zielt darauf ab, das gesamte staatliche Finanzvolumen der Budgetplanung und -entscheidung von Parlament und Regierung zu unterstellen. Dadurch soll gewährleistet werden, dass das Parlament in regelmäßigen Abständen den vollen Überblick über das dem Staat verfügbare Finanzvolumen und damit auch über die dem Bürger auferlegte Abgabenlast erhält. Nur so können Einnahmen und Ausgaben vollständig den dafür vorgesehenen Planungs-, Kontroll- und Rechenschaftsverfahren unterworfen werden.“[116]

140 Davon bleiben Abgaben und Abschöpfungen, die ausschließlich oder nahezu ausschließlich einen Lenkungszweck verfolgen, wegen ihrer Nähe zu ordnungsrechtlichen Geboten oder Verboten ausgenommen; für sie unterliegt die Gesetzgebung allein der Kompetenzverteilung aus Art. 70 ff. GG, die Verwaltung allein der Kompetenzverteilung aus Art. 83 ff. GG.

141 Ausgenommen sind ferner Gebühren und Beiträge, die als Vorzugslasten durch das Äquivalenzprinzip gerechtfertigt und begrenzt sind; auch sie unterliegen nicht in gleicher Weise den Beschränkungen der bundesstaatlichen Finanzverfassung (namentlich des Art. 105 GG), sondern folgen allein der Zuordnung der Sachkompetenzen (Art. 70 ff., 83 ff. GG).

142 Für alle anderen Abgabetypen ergeben sich dagegen aus den Art. 105 GG und Art. 110 GG justiziable Beschränkungen und Begrenzungen der Kompetenz eines

[116] BVerfGE 113, 128 (147); ferner BVerfGE 108, 186 (215 f.).

Verbandes zur Einführung und Erhebung von Geldleistungspflichten. Dies gilt nicht nur für Steuern und Zölle, sondern auch für diejenigen Vorzugslasten (nichtsteuerliche Abgaben), die mit einem Finanzierungszweck ausgestattet sind, ohne – wie Gebühren und Beiträge – dem Gebot einer unmittelbaren Individualäquivalenz zu unterliegen (sog. „Sonderabgaben"; S. näher Rdnr. 143 ff.).

II. Qualifikation des Vorhabens als Sonderabgabe

In einem ersten Schritt ist die finanz-(verfassungs-)rechtliche Qualifikation der geplanten Abgabe vorzunehmen (dazu unter Rdnr. 144 ff.);[117] anschließend ist die Entwicklung der Judikatur des Bundesverfassungsgerichts zu den Sonderabgaben darzustellen (unter Rdnr. 157 ff.). 143

1. Abgabenrechtliche Qualifikation

a) Keine Steuer

Steuern sind nach der einfachrechtlichen Legaldefinition des § 3 Abs. 1 Halbsatz 1 AO „Geldleistungen, die nicht eine Gegenleistung für eine besondere Leistung darstellen und von einem öffentlich-rechtlichen Gemeinwesen zur Erzielung von Einnahmen allen auferlegt werden, bei denen der Tatbestand zutrifft, an den das Gesetz die Leistungspflicht knüpft". Vorliegend ist jedoch der verfassungsrechtliche Steuerbegriff relevant. Ausgangspunkt bei dessen Gewinnung ist der oben wiedergegebene einfachrechtliche Steuerbegriff. Der Verfassungsgeber des Grundgesetzes hat den auf *Otto Mayer*[118] zurückgehenden, von *Enno Becker* in den § 1 der Reichsabgabenordnung eingefügten und seit langem dauerhaft etablierten Steuerbegriff im Staats- und Verwaltungsrecht vorgefunden. Diese nunmehr in § 3 Abs. 1 Halbsatz 1 AO enthaltene einfachgesetzliche Definition der Steuer kann als „Ausdruck eines allgemein anerkannten Steuer-Grundbegriffs des Grundgesetzes"[119] bezeichnet werden. Dennoch erschöpft sich der verfassungsrechtliche Steuerbegriff, wie insbesondere *Klaus Vogel* gezeigt hat, nicht in einer uneingeschränkten Rezeption der einfachrechtlichen Vorgabe. Einer vollständigen Identität[120] beider Steuerbegriffe steht bereits der Vorrang der Verfassung entgegen.[121] Bei der Gewinnung eines verfassungsrechtlichen Steuerbegriffs sind grundlegende Funktions- 144

[117] Zur Abgabentypologie allgemein etwa *Henneke*, Öffentliches Finanzwesen, Finanzverfassung, 2. Aufl. 2000, Rdnr. 268 ff.

[118] Deutsches Verwaltungsrecht, 2. Aufl. 1914, Bd. I, S. 331; 3. Aufl. 1924, Bd. I, S. 316.

[119] *Vogel/Waldhoff,* in: Dolzer/Kahl/Waldhoff/Graßhof (Hrsg.), Bonner Kommentar zum Grundgesetz, Vorb. z. Art. 104a–115, Rdnr. 362 (=*dies.,* Grundlagen des Finanzverfassungsrechts, 1999, Rdnr. 362).

[120] Vgl. noch BVerfGE 3, 407 (435); 7, 244 (251).

[121] *Vogel/Waldhoff,* in Bonner Kommentar (Fn. 119), Rdnr. 366 ff.

unterschiede gegenüber dem einfachen Recht zu beachten.[122] Bezieht sich letzteres allein auf das Verhältnis zwischen Staat und Bürger, muss ein verfassungsrechtlicher Steuerbegriff auch den „Funktionszusammenhang der bundesstaatlichen Finanzverfassung" und die wirtschafts- wie gesellschaftspolitischen Aufgaben moderner Steuergesetzgebung reflektieren.[123] § 3 Abs. 1 AO bietet daher nicht mehr – aber auch nicht weniger – als eine zentrale Auslegungshilfe für den grundgesetzlich umschriebenen Begriffsinhalt der Steuer.[124] Daraus ergibt sich: Die wesentliche und unverzichtbare Funktion des verfassungsrechtlichen Steuerwesens ist die Deckung des Finanzbedarfs für die Erfüllung der öffentlichen Aufgaben, wobei die Verwirklichung außerfiskalischer Ziele nicht von vornherein ausgeschlossen ist.[125] Der Steuerbegriff des Grundgesetzes meint demnach einmalige oder laufende Geldleistungen, die dem Leistenden hoheitlich auferlegt sind, an den Bund, die Länder, die Gemeinden oder Gemeindeverbände sowie die öffentlich-rechtlich organisierten Religionsgesellschaften fließen und zur Deckung des öffentlichen Finanzbedarfs und somit nicht ausschließlich zum Ausgleich von Lasten und Vorteilen voraussetzungslos, d.h. unabhängig von einem erhaltenen Vorteil erhoben werden.[126]

145 Steuern fließen damit begriffsnotwendig in den (allgemeinen) Staatshaushalt des Bundes, eines Landes, einer kommunalen Körperschaft oder einer öffentlich-rechtlich verfassten Religionsgemeinschaft.[127] Sie dienen damit per definitionem der allgemeinen Staatsfinanzierung i.w.S. nicht der Finanzierung einer speziellen Sachaufgabe. Dies kommt in der Rechtfertigung der Steuer über den Gedanken der generellen / globalen Äquivalenz zum Ausdruck: Die Steuer ist die Gegenleistung für die *Gesamtheit* der staatlichen Leistungen.[128] In der parlamentarischen Demokratie gewährleistet sie dadurch einerseits die gleichheitsgerechte Verteilung der Staatslasten und ermöglicht andererseits dem demokratisch legitimierten Gesetzgeber den notwendigen Gestaltungsfreiraum bei seiner legislatorischen Tätigkeit. Neuere Vorschläge, die Staatsfinanzierung insgesamt auf Leistungs-Gegen-

---

[122] *Wolfgang Knies*, Steuerzweck und Steuerbegriff, 1976, S. 46, 54 ff., 74 f.

[123] BVerfGE 55, 274 (299); 67, 256 (282).

[124] *Vogel/Waldhoff*, in Bonner Kommentar (Fn. 119), Rdnr. 371.

[125] *Dieter G. Bodenheim*, Der Zweck der Steuer, 1979; *Weber-Grellet*, Steuern im modernen Verfassungsstaat, 2001, S. 8 ff.; *Hanno Kube*, Finanzgewalt in der Kompetenzordnung, 2004, S. 216 ff.; *Rainer Wernsmann*, Verhaltenslenkung in einem rationalen Steuersystem, 2005, S. 177 ff.; *Horst Schaefer*, Der verfassungsrechtliche Steuerbegriff, 1997, S. 147 ff.

[126] Näher *Vogel/Waldhoff*, in Bonner Kommentar (Fn. 119), Rdnr. 352 ff., 393.

[127] Vgl. *Vogel/Waldhoff*, in Bonner Kommentar (Fn. 119), Rdnr. 352 ff.; *Waldhoff*, Grundzüge des Finanzrechts des Grundgesetzes, in: Isensee/Kirchhof (Hrsg.), Handbuch des Staatsrechts der Bundesrepublik Deutschland, Bd. 5, 3. Aufl. 2007, § 116 Rdnr. 85.

[128] Vgl. BVerfGE 67, 100 (143); 72, 200 (246); *Lehner/Waldhoff*, in: Kirchhof/Söhn/Mellinghoff (Hrsg.), Einkommensteuergesetz. Kommentar, Loseblattsammlung, Stand des Gesamtwerks: 205. Lfg. Februar 2010, § 1 Rdnr. A 163 ff. m.w.N.

leistungs-Beziehungen umzustellen,[129] vermögen demgegenüber nicht zu überzeugen, sind zudem auch nicht geltendes Recht.[130]

Zwar sind grundsätzlich in beschränktem Umfang auch Steuern mit einer Zweckbindung denkbar und auch existent – sog. Zwecksteuern[131] –, doch auch derartige Steuern müssen dem grundlegenden verfassungsrechtlichen Bemessungsprinzip der Steuererhebung, dem sog. Leistungsfähigkeitsprinzip, gehorchen.[132] Wie oben gezeigt ist die Bemessung der hier zu untersuchenden Abgabe nicht an der wirtschaftlichen Leistungsfähigkeit des Unternehmens, sondern an anderen, vorrangig risikoorientierten Parametern ausgerichtet. Ferner fließen auch Zwecksteuern in den allgemeinen Staatshaushalt, nicht in einen Nebenhaushalt – einen Fonds o.ä. –, mögen sie im allgemeinen Haushalt auch nur Durchlaufposten sein. Für die hier zu beurteilende Abgabenlösung tragen sie folglich nichts bei. **146**

Eine Realisierung der politisch gewollten Aufgabe über eine Steuer hätte weitere verfassungsrechtliche Parameter zu beachten, die letztlich nicht überwunden werden könnten. Im Rahmen der Darstellung und Analyse der Sonderabgabenjudikatur des Bundesverfassungsgerichts (unten unter Rdnr. 157 ff.) wird sich zeigen, dass Sonderabgaben, deren Abgabepflichtige mit der Gesamtheit der Steuerzahler (insgesamt oder etwa einer relevanten Unternehmenssteuer) identisch sind, wegen Übergriffs in den Finanzierungsbereich der Steuer zwingend verfassungswidrig wären; der Gleichheitsverstoß liegt dann in der Unvereinbarkeit der zwingenden Programmierung der Besteuerung über die jeweilige wirtschaftliche Leistungsfähigkeit einerseits, das Anknüpfen an andere Parameter bei den hier zu beurteilenden Abgaben andererseits. Diese Modelle sind von vornherein inkompatibel. **147**

b) Keine Gebühr

Im Gegensatz zu den voraussetzungslos erhobenen Steuern setzen andere Abgaben, die wie die Steuern zur Deckung einen öffentlichen Finanzbedarfs erhoben werden, einen konkreten Bedarf voraus (sog. Kausalabgaben oder Vorzugslasten). Sie sollen als Vorzugslasten entweder einen dem Pflichtigen individuell zuzurechnenden Aufwand decken (Gebühren) oder einen Aufwand, der einem Personenkreis zuzurechnen ist, dem der Pflichtige angehört (Verbandslasten/Beiträge). Gebühren finden im Verfassungstext in Art. 74 Abs. 1 Nr. 22 und in Art. 80 Abs. 2 GG **148**

---

[129] *Schmehl*, Das Äquivalenzprinzip im Recht der Staatsfinanzierung, 2004.

[130] Statt vieler nur *Waldhoff*, Grundzüge (Fn. 127), Rdnr. 5.

[131] Näher *Waldhoff*, Die Zwecksteuer, StuW 2002, S. 285 ff.; *Waldhoff*, Grundzüge (Fn. 127), Rdnr. 133 ff.

[132] Allgemeine Ansicht, vgl. aus der Rspr. nur BVerfGE 82, 60 (83 ff.); 89, 346 (352 ff.); aus dem Schrifttum statt vieler *P. Kirchhof*, Der verfassungsrechtliche Auftrag zur Besteuerung nach der wirtschaftlichen Leistungsfähigkeit, StuW 1985, S. 319 ff.; *Vogel/Waldhoff*, Bonner Kommentar (Fn. 119), Rdnr. 516 ff.; *Lehner/Waldhoff*, § 1 EStG (Fn. 128), Rdnr. A 142 ff.; *Waldhoff*, Grundzüge (Fn. 127), Rdnr. 100 ff., jeweils m.w.N.

eine beiläufige, freilich zur Begriffsbildung nicht weiterführende[133] Erwähnung. Das Bundesverfassungsgericht hat eine genaue finanzverfassungsdogmatische Umgrenzung des Gebührenbegriffs mehrfach vermieden.[134] In dem Beschluss zum sog. Wasserpfennig vom 7. November 1995[135] hat es allerdings verdeutlicht, dass es einen weiten verfassungsrechtlichen Gebührenbegriff vertritt. Dieser ist wie der verfassungsrechtliche Steuerbegriff eigenständig, aber unter Rückgriff auf das historisch gewachsene einfache Recht – insbesondere das preußische Kommunalabgabengesetz von 1893[136] – als Auslegungshilfe, zu gewinnen.[137] Dies führt zu einem doppelgliedrigen verfassungsrechtlichen Gebührenbegriff:[138] Der durch eine Gebühr auszugleichende Aufwand besteht entweder in einem dem Einzelnen als Folge eines Verhaltens eines Hoheitsträgers (in weitesten Sinne) zugeflossenen individuellen (geldwerten) Vorteil oder in von dem Einzelnen individuell zu verantwortenden Kosten des Hoheitsträgers. Im ersten Fall wird durch die Gebühr der Vorteil ausgeglichen (kompensiert), im zweiten Fall sollen die entstandenen Kosten ganz oder zum Teil ausgeglichen werden. Aus dieser weiten verfassungsrechtlichen Begriffsbestimmung folgt das Fehlen eines numerus clausus der Gebührentypen.[139]

149 Neben den klassischen – insbesondere im Kommunalabgabenrecht entwickelten – Prototypen der Verwaltungs- und Benutzungsgebühren für öffentliche Einrichtungen[140] haben sich insbesondere im Zusammenhang mit der Diskussion um Umweltabgaben zahlreiche Ansätze zur Entwicklung neuer Gebührentypen gezeigt. Hierzu zählen etwa die sog. Verleihungs- oder Duldungs-[141] sowie die Ressourcennutzungsgebühren.[142] Der durch eine Gebühr auszugleichende Sondervorteil

---

133 BVerfGE 50, 217 (225 f.); *Wilke,* Gebührenrecht und Grundgesetz, 1973, S. 150 ff.

134 BVerfGE 50, 217 (225 f.); 93, 319 (345); 108, 1 (13 f.); 112, 226 (243).

135 BVerfGE 93, 319 (345).

136 Vom 14.07.1893 (PrGS S. 152).

137 Ausführlich *Vogel/Waldhoff,* in Bonner Kommentar (Fn. 119), Rdnr. 410 ff.

138 Grundlegend *Vogel,* Vorteil und Verantwortlichkeit. Der doppelgliedrige Gebührenbegriff des Grundgesetzes, in: FS für Willi Geiger, 1989, S. 518.

139 Vgl. auch *Heimlich,* Die Verleihungsgebühr als Umweltabgabe, 1996, S. 31.

140 Vgl. zu diesen *Kaufmann,* Kommunale Gebühren, in: Henneke/Pünder/Waldhoff (Hrsg.), Recht der Kommunalfinanzen, 2006, § 15 Rdnr. 23 ff. und 33 ff.; zur Entwicklung vgl. *Vogel,* Gebührenbegriff (Fn. 138), S. 522.

141 Vgl. *F. Kirchhof,* Der Baden-Württembergische „Wasserpfennig", NVwZ 1987, 1031; *Pietzcker,* Abgrenzungsprobleme zwischen Benutzungsgebühr, Verleihungsgebühr, Sonderabgabe und Steuer, DVBl. 1987, 774; *Hendler,* Zur Entwicklung des Umweltabgabenrechts, NuR 2000, 661; *Meyer,* Gebühren für die Nutzung von Umweltressourcen, 1995, S. 125, 181.

142 Grundlegend *Murswiek,* Die Ressourcennutzungsgebühr, NuR 1994, S. 170; *Kluth,* Verfassungs- und abgabenrechtliche Rahmenbedingungen der Ressourcenbewirtschaftung, NuR 1997, 105; umfassend *Meyer, Gebühren* (Fn. 141).

wird insoweit nicht mehr auf das unmittelbare Resultat eines Verwaltungshandelns beschränkt,[143] sondern auf die Nutzung (knapper) öffentlicher Güter ausgedehnt. Die Grenzen der Ausdehnung des verfassungsrechtlichen Gebührenbegriffs schließlich hat die Diskussion um die Einordnung des Erlöses aus der Versteigerung der UMTS-Lizenzen markiert.[144]

Der Abgabentypus der Gebühr passt hier in beiden aufgeführten Varianten nicht, um Rettungsfonds für die Finanzwirtschaft zu finanzieren: Es geht bei den zu begutachtenden Projekten nicht um die Abgeltung einer konkreten staatlichen Leistung, denn die im politischen Raum diskutierten Varianten dienen der Organisation und Finanzierung eines Fonds, der von den Betroffenen gespeist wird. Erst Recht geht es nicht um die Nutzung öffentlicher Güter, die einem öffentlich-rechtlichen Nutzungsregime unterfallen. Der Abgabentypus der Gebühr kann im Folgenden daher außer Betracht bleiben. 150

c) *Kein Beitrag*

Ein weiteres denkbares – wenn auch, soweit ersichtlich, im politischen Raum nicht erwogenes – Modell zur Finanzierung eines Rettungsfonds könnte darin bestehen, einen sog. Finanzierungszwangsverband aus Banken und Versicherungen zu schaffen. Solche Finanzierungszwangsverbände hatte der Atomgesetzgeber unter der Regierung *Schröder/Fischer* schon einmal zur Finanzierung der Suche nach einem atomaren Endlager angedacht – letztlich jedoch nicht verwirklicht.[145] Das Modell steht mithin prinzipiell im Raum. 151

Die Abgabenkategorie des finanzrechtlichen Beitrags umschließt zwei unterschiedliche Abgabentypen: Den klassischen Beitrag als Vorzugslast („Vorzugsbeitrag"), d.h. das Entgelt für eine noch irgendwie fassbare Gegenleistung, die regelmäßig in der *Möglichkeit* der Inanspruchnahme staatlicher Leistung besteht,[146] und die sog. Verbandslast, d.h. Mitgliedsbeiträge in öffentlich-rechtlichen Zwangsver- 152

---

[143] Vgl. BVerfGE 93, 319 (345 f.).

[144] Für die Einordnung als Gebühr statt aller *Becker*, Die Versteigerung der UMTS-Lizenzen: Eine neuartige Form der Allokation von Rechten, Die Verwaltung 35 (2002), 1 (10 ff.); *ders.*, Stattliche staatliche Versteigerungserlöse: Anlaß zur Reform der Finanzverfassung?, DÖV 2003, 177 ff.; dagegen *Selmer*, Die UMTS-Versteigerung vor dem BVerfG, NVwZ 2003, 1304 (1308); offengelassen durch BVerfGE 105, 185.

[145] Vgl. dazu jeweils betont kritisch *Selmer*, Finanzierung der Standortsuche durch eine öffentlich-rechtliche Körperschaft (Verbandsmodell), in: Ossenbühl (Hrsg.), Deutscher Atomrechtstag 2004, 2005, S. 139 ff.; *Waldhoff*, Finanzierung der Standortsuche durch eine öffentlich-rechtliche Körperschaft (Verbandsmodell), ebd., S. 153 ff.

[146] Vgl. nur BVerfGE 92, 91 (115); 108, 1 (17); *Vogel/Waldhoff*, in Bonner Kommentar (Fn. 119), Vorb. z. Art. 104a-115, Rdnr. 429 (= *dies.*, Grundlagen des Finanzverfassungsrechts, 1999, Rdnr. 429).

bänden.[147] Diese Unterscheidung wird zwar nicht immer mit der notwendigen Deutlichkeit gesehen, ist aber auch in der Rechtsprechung bereits seit langem anerkannt.[148] Ob nun als „Dach" ein ziemlich abstrakter Vorteilsbegriff eingeführt wird, erscheint sekundär, denn dieser Vorteil wäre bei den Verbandsbeiträgen in einer Weise verdünnt, dass daraus letztlich keine dogmatischen Schlussfolgerungen gezogen werden könnten.[149]

153 Zwar existiert kein geschlossener Kanon von Abgabearten und es obliegt zunächst dem politischen Ermessen des Gesetzgebers, welcher Abgabeform sich der Staat zur Finanzierung seiner Aufgaben bedient.[150] In jedem Fall entsteht – wie oben bereits dargelegt – bei nichtsteuerlichen Abgaben jedoch ein besonderer Rechtfertigungszwang. Dieser ist zunächst grundrechtlich fundiert aus dem Grundsatz der Abgabengleichheit:[151] Der Schuldner der nichtsteuerlichen Abgabe ist bereits durch die Gemeinlast der Steuer an der Finanzierung des Staates beteiligt. Daher ist eine *besondere* gleichheitsrechtliche Rechtfertigung für jegliche nichtsteuerliche Abgabe erforderlich.[152] Daneben treten kompetenzrechtliche und haushaltsrechtliche Rechtfertigungserfordernisse, um die Geltungskraft der bundesstaatli-

---

[147] Vgl. bereits sehr deutlich *Fleiner*, Institutionen des deutschen Verwaltungsrechts, 8. Aufl. 1928, S. 419; *Eyben*, Die Abgabenform des Beitrags und ihre praktischen Schwerpunkte, Diss. iur. Göttingen 1976, S. 168; *Wilke*, Gebührenrecht und Grundgesetz, 1973, S. 119 f.; *Vogel*, Grundzüge des Finanzrechts des Grundgesetzes, in: Isensee/Kirchhof (Hrsg.), Handbuch des Staatsrechts der Bundesrepublik Deutschland, Bd. 4, 1. Aufl. 1990, § 87 Rdnr. 47; nicht ganz deutlich BVerfG vom 18.05.2004 – 2 BvR 2374/99, Tz. 93; mehr terminologisch als inhaltlich auch die finanzwissenschaftliche Analyse von *Bohley*, Gebühren und Beiträge, 1977, S. 18 und öfter. *Ubber*, Der Beitrag als Institut der Finanzverfassung, Diss. iur. Köln 1993, S. 305 ff. legt dar, dass die frühe Finanzwissenschaft gerade nicht deutlich unterschied, sondern den mitgliedschaftsbezogenen Beitrag geradezu als Urform des Beitrags als Vorzugslast auffasste.

[148] Vgl. bereits BVerwGE 23, 304 (308); grundlegend dann BVerwGE 42, 210 (217); aus der älteren Literatur *Wolff/Bachof*, Verwaltungsrecht I, 9. Aufl. 1974, S. 312: „Verbandslasten sind, obwohl oft als ‚Beitrag' bezeichnet, keine die Gewährung eines Vorteils voraussetzenden Beiträge in der engen … Bedeutung des Begriffs."

[149] *Isensee*, Äquivalenz, Kostenausgleich, Verbandssolidarität im Abgabenrecht, in: GS Geck, 1989, S. 355 (374): „Versuche, trotzdem aufzuweisen, dass eine konventioneller Kammerbeitrag individualisierbaren Vorteilen gemäß dem Äquivalenzprinzip korrespondiert, führen zu gewaltsamen Dehnungen und Verbiegungen der Beitragsstrukturen." Vgl. auch BVerwGE 42, 210 (214); teilweise abweichend *Ubber*, Der Beitrag (Fn. 147), S. 304 ff.

[150] BVerfGE 108, 186 (215).

[151] Speziell im vorliegenden Zusammenhang deutlich *Merkt*, Die mitgliedschaftsbezogene Abgabe des öffentlichen Rechts, 1990, S. 57 ff., 83 ff.; allgemein *Vogel/Waldhoff*, in Bonner Kommentar (Fn. 119), Rdnr. 405 f.; zuletzt deutlich für Gebühren BVerfGE 108, 1 (13 ff.) und BVerfGE 108, 186 (216).

[152] BVerfGE 55, 274 (302); 93, 319 (343); 108, 1 (16); 108, 186 (215 f.).

chen Finanzverfassung und die parlamentarische Gesamtverantwortung für den Haushalt nicht zu beschädigen.[153] Von der Steuer unterscheidet sich der korporative Beitrag dadurch, dass er Verbandslast, nicht Gemeinlast ist.[154] Der Unterschied zur Gebühr ähnelt demjenigen zum Beitrag als Vorzugslast: Es geht nicht um die Entgeltung eines konkreten Vorteils. Schwieriger erscheint das Verhältnis zur Sonderabgabe; darauf wird zurückzukommen sein.

Bisher weniger beachtet wurde eine weitere Differenzierung im Rahmen des Beitrags als Verbandslast.[155] In ihrer „klassischen" Version erweist sich die Verbandslast als Mitgliedsbeitrag, als Finanzierungsinstrument zu den eigentlich im Vordergrund stehenden, stets vielfältigen Selbstverwaltungsaufgaben und somit als „öffentlich-rechtliche[s] Seitenstück des bürgerlichrechtlichen Vereinsbeitrages".[156] Man könnte auch sagen: Autonomie verlangt eine materielle Basis; autonome Selbstverwaltung, d.h. die Wahrnehmung öffentlicher Aufgaben in einer Selbstverwaltungskörperschaft wird durch die Finanzierungsform unterstützt; die Finanzierung behält jedoch instrumentellen, dienenden Charakter. Die Finanzierung, die Beiträge sind sekundär, im Zentrum der Einrichtung derartiger Zwangsverbände steht die autonome Aufgabenerfüllung, die stets ein Bündel von Selbstverwaltungsaufgaben umfassen wird. Der Dezentralisation der Verwaltungsorganisation folgt die Dezentralisation der Finanzverantwortung.[157] Davon sind die *Lasten-* 154

[153] BVerfGE 55, 274; 78, 249; 82, 159 (179); 91, 186 (202); 93, 319 (342 f.); *Vogel/Waldhoff,* in Bonner Kommentar (Fn. 119), Rdnr. 405 f.

[154] *Heun,* Die Sonderabgabe als verfassungsrechtlicher Abgabetypus, DVBl. 1990, S. 666 (669); *Schuppert,* Nichtsteuerliche Abgaben, intermediäre Finanzgewalten und Verwaltungsorganisation, in: FS Werner Thieme, 1993, S. 227 (231 f.); a.A. ursprünglich *Vogel,* Kammerbeitrag und Finanzverfassung, DVBl. 1958, 491; dagegen *Klein,* Kammerbeitrag und Finanzverfassung, DVBl. 1959, 315; *Isensee,* Äquivalenz (Fn. 149), S. 373; *Vogel* hatte seine Ansicht nachher ausdrücklich aufgegeben, vgl. *Klaus Vogel/Hannfried Walter,* in: Dolzer/Kahl/Waldhoff/Graßhof (Hrsg.), Bonner Kommentar zum Grundgesetz, Loseblattsammlung, Stand des Gesamtwerks: 144. Lfg. März 2010, Art. 105 (Zweitbearbeitung Februar 1971), Rdnr. 39.

[155] Nicht thematisiert etwa bei *Wilke,* Gebührenrecht (Fn. 133), S. 119 f.; *Merkt,* mitgliedschaftsbezogene Abgabe (Fn. 151); vgl. andererseits jedoch *Selmer,* Steuerinterventionismus und Verfassungsrecht, 1972, S. 185 ff.; *Isensee,* Umverteilung durch Sozialversicherungsbeiträge, 1973, S. 36 f.; *ders.,* Äquivalenz (Fn. 149), S. 377 ff.; *Ossenbühl,* Zur Verbandslast als Finanzierungsinstrument der atomaren Endlagerung, DVBl. 2004, S. 1132 (1134).

[156] *Isensee,* Äquivalenz (Fn. 149), S. 373; *Merkt,* mitgliedschaftsbezogene Abgaben (Fn. 151), S. 7 ff.; *Schuppert,* intermediäre Finanzgewalten (Fn. 154), S. 241, 246: „Diese [..]. Sonderabgaben [..] sind in der Tat die abgabenrechtliche Entsprechung einer Binnendifferenzierung der Verwaltungsorganisation durch Körperschaften."

[157] Vgl. *Schuppert,* intermediäre Finanzgewalten (Fn. 154), S. 246, 247; *Oebbecke,* Selbstverwaltung angesichts von Europäisierung und Ökonomisierung, VVDStRL 62 (2003), S. 366 (387).

gemeinschaften als besondere Finanzierungsform zu unterscheiden, die nur im Dienste *eines* Zwecks stehen.[158] Hier steht der eine *Finanzierungs*zweck ganz im Vordergrund. Nicht autonome Aufgabenerfüllung in Selbstverwaltung, d.h. die „kollektive Verbandssolidarität",[159] sondern die Organisation einer für einen ganz konkreten Finanzierungszweck verantwortlichen Gruppe prägt derartige Verbände, die auch bisher der Rechtsordnung nicht unbekannt sind.[160]

155 In beiden oben differenzierten Fällen reicht die (Zwangs-) Mitgliedschaft als solche nicht als Legitimation für die Abgabenerhebung aus.[161] Andernfalls müssten auch beim klassischen Mitgliedsbeitrag stets gleiche Summen entrichtet werden; das ist jedoch regelmäßig nicht der Fall. Die Zwangsmitgliedschaft ist gar nicht Zweck der Konstruktion, die Mitgliedschaft ist lediglich ein rechtskonstruktiver Anknüpfungspunkt. In den Worten *Josef Isensees*: Bei diesen „zweckmonistischen" Finanzierungsverbänden ist die „Verbandsmitgliedschaft [...] letztlich nur ein rechtstechnischer Kunstgriff des Gesetzgebers", um den Finanzierungszweck sicherzustellen. Insofern spricht *Isensee* konsequent von „Mitgliedsbeiträgen nur im formellen Sinne" oder von „unechten korporativen Beiträgen".[162] Stellte man auf die (Zwangs-)Mitgliedschaft als Legitimationsgrund ab, könnten zudem mehr oder weniger beliebig solche Verbände vom Gesetzgeber gegründet und ein Großteil der Staatsfinanzierung entsprechend organisiert werden – ein Ergebnis, welches mit den Vorstellungen des Grundgesetzes über die Staatsfinanzierung sicher nicht übereinstimmt. Da zudem nach richtiger Ansicht bei den korporativen Beiträgen nicht auf einen greifbaren Vorteil als Gegenleistung abgestellt werden kann, der Äquivalenzgedanke somit ausscheidet, muss sich die Rechtfertigung anders ausrichten. In Betracht kommen wiederum materielle Kriterien und Grenzen der überkommenen Abgabentypen, hier vorrangig der noch näher zu erörternden

---

[158] Vgl. auch *Ubber,* Der Beitrag (Fn. 147), S. 314 f.

[159] *Isensee,* Äquivalenz (Fn. 149), S. 375.

[160] Vgl. auch *Ubber,* Der Beitrag (Fn. 147), S. 317 f. Mit der im Haupttext vorgenommenen Differenzierung stimmt die in anderem Zusammenhang getroffene Unterscheidung bei *Mronz,* Körperschaften und Zwangsmitgliedschaft, 1973, S. 165 ff., zwischen Körperschaften des öffentlichen Rechts im materiellen und im formellen Sinn nicht ganz überein; Differenzierungskriterium bei ihm ist die Ausstattung mit Hoheitsbefugnissen. Nur wenn eine solche erfolgt, finde eine materielle Eingliederung in die mittelbare Staatsverwaltung statt, andernfalls handele es sich um einen formellen öffentlichrechtlichen Status für materiell nichtstaatliche Aufgaben. Immerhin zeigen solche Unterscheidungen, dass nicht formal an der äußerlichen Organisationsform stehen geblieben werden kann, dass vielmehr der Kern der jeweiligen Selbstverwaltungsform entscheidend ist.

[161] Für die Lastenverbände schwankend *Ubber,* Der Beitrag (Fn. 147), S. 314 f.

[162] *Isensee,* Äquivalenz (Fn. 149), S. 377.

Sonderabgabe.[163] Von den gewöhnlichen Sonderabgaben unterscheidet sich die Finanzierungs-Verbandslast dadurch, dass die Abgabepflichtigen zugleich einer rechtfertigungsbedürftigen Zwangsmitgliedschaft in einer Selbstverwaltungskörperschaft unterworfen sind. Diese Verbindung in einer Selbstverwaltungsstruktur ist den gewöhnlichen Sonderabgabenpflichtigen nicht eigen, denn allein die Gründung eines Fonds, eines Nebenhaushalts, impliziert nicht zwingend zugleich die Aufrichtung mittelbarer Staatsverwaltung.[164] Der Fonds deutet auf anstaltliche, die Finanzierungsverbandslast deutet auf körperschaftliche Verwaltungsorganisation hin.[165] Insofern ist auch die Begriffsbildung *Hans Julius Wolffs* von der „körperschaftlichen Selbstverwaltung" verständlich.[166] Das kann aber keine Freizeichnung der Finanzierungs-Verbandslast von den inhaltlichen Anforderungen an die Erhebung von Sonderabgaben bedeuten, denn finanzverfassungsrechtlich besteht insoweit die gleiche Rechtfertigungslast. Bei der Finanzierungsverbandslast ist somit eine doppelte verfassungsrechtliche Rechtfertigung angezeigt: Die auf die Selbstverwaltung, also auf die Aufgabe bezogene und die auf die Finanzierung bezogene, die finanzrechtliche.[167] Letztere findet sich in der Sonderabgabenrechtsprechung des Bundesverfassungsgerichts:[168] Sonderabgaben dürfen nur eine in der Wirklichkeit vorgezeichnete „homogene Gruppe" belasten; es muss eine „hinreichende Sachnähe" der Abgabepflichtigen zum Abgabezweck bestehen und schließlich ist die sachgerechte Verknüpfung zwischen Belastung und Begünstigung i.d.R. durch die „gruppennützige Verwendung" des Abgabeaufkommens herzustellen. Problematisch erscheint v.a. das Rechtfertigungskriterium der gruppennützigen Verwendung des Aufkommens der Sonderabgabe. Dies bedeutet, dass das Aufkommen „im Interesse der Gruppe der Abgabepflichtigen" zu verwenden ist, um grundsätzlich unzulässige fremdnützige Sonderabgaben auszuschließen.[169] Diese Voraussetzungen fehlen hier genauso wie bei der Sonderabgabe, wie noch zu zeigen sein wird.

---

[163] Vgl. auch *Merkt,* mitgliedschaftsbezogene Abgabe (Fn. 151), S. 94; vgl. auch *Schuppert,* intermediäre Finanzgewalten (Fn. 154), S. 231: „funktional zu den Sonderabgaben" gehörig; in etwas anderem Zusammenhang zur Nähebeziehung von Beitrag und Sonderabgabe BVerwGE 72, 212 (218 ff.).

[164] Vgl. etwa unter jüngeren Judikaten BVerwG, DVBl. 2004, 1175 – „Einlagensicherungs- und Anlegerentschädigungsgesetz"; BVerfGE 110, 370 – „Klärschlammentschädigungsfonds".

[165] *Schuppert,* intermediäre Finanzgewalten (Fn. 154), S. 232; differenzierter *ders.,* Die Erfüllung öffentlicher Aufgaben durch verselbständigte Verwaltungseinheiten, 1981, S. 65.

[166] *Wolff/Bachof,* Verwaltungsrecht II, 4. Aufl. 1976, S. 182.

[167] Vgl. auch *Ossenbühl,* Verbandslast (Fn. 119), S. 1136.

[168] BVerfGE 55, 274; 57, 139; 75, 108; 89, 132; 91, 186; 92, 91; zuletzt 108, 186; aus der Literatur statt anderer nur *Vogel/Waldhoff,* in Bonner Kommentar (Fn. 119), Rdnr. 436 ff.

[169] BVerfGE 55, 274 (307).

d) *Abgabentypus der Sonderabgabe*

156 Damit bleibt als Abgabentypus die Sonderabgabe übrig. Diese wird heute als eigenständige Abgabe, nicht lediglich als Auffangbecken für anderweitig nicht qualifizierbare Abgaben eingeordnet. Sie wird einem von der Allgemeinheit der Steuerzahler gesonderten Personenkreis auferlegt und fließt in einen Fonds, ist mithin haushaltsflüchtig. Im Folgenden sind die Voraussetzungen der Sonderabgabe anhand der Judikatur des Bundesverfassungsgerichts in ihrer Entwicklung nachzuzeichnen.

2. Die Sonderabgabenjudikatur des Bundesverfassungsgerichts in ihrer Entwicklung

157 Die Sonderabgabe wirft zwei wiederum zusammenhängende Fragen auf: Wie ist sie in das verfassungsrechtliche Abgabensystem einzuordnen? Insbesondere: Handelt es sich um eine Auffangkategorie für anderweitig nicht qualifizierbare Abgaben oder um einen fest umrissenen eigenständigen Abgabentypus? Und: Wie ist sie zu rechtfertigen, was sind ihre Grenzen, vor allem im Hinblick auf die durch Sonderabgaben gefährdeten Prinzipien der Steuerstaatlichkeit, des Haushaltsverfassungsrechts, der bundesstaatlichen Finanzverfassung und der Belastungsgleichheit der Bürger? Mehr noch als andere Bereiche des Finanzverfassungsrechts ist das Recht der Sonderabgaben durch eine breite Kasuistik des Bundesverfassungsgerichts geprägt.[170]

158 Leitentscheidung ist hier diejenige zur Ausbildungsplatzförderungsabgabe von 1980.[171] Dort wurden drei kumulativ erforderliche Voraussetzungen postuliert, um eine Sonderabgabe ausnahmsweise von Verfassungs wegen zulässig zu machen: (1.) eine in der Wirklichkeit und/oder in der Rechtsordnung vorfindliche und abgrenzbare homogene soziale Gruppe muss vorliegen, damit sie rechtmäßig mit einer solchen Abgabe belastet werden kann; (2.) eine spezifische Sachnähe/Beziehung zwischen dieser Gruppe und dem zu finanzierenden Zweck ist erforderlich: „Die mit der Abgabe belastete Gruppe muss dem mit der Abgabenerhebung verfolgten Zweck evident näher stehen als jede andere Gruppe oder die Allgemeinheit der Steuerzahler. Aus dieser Sachnähe muss eine besondere Gruppenverantwortung für die Erfüllung der mit der außersteuerlichen Abgabe zu finanzierenden Aufgabe entspringen.“; (3.) die gruppennützige Verwendung des Abgabenaufkommens um eine sachgerechte Verknüpfung zwischen Belastung und Begünstigung herzustellen. Bei der gruppennützigen Verwendung handelt es sich nicht nur um eine einfache haushaltsrechtliche Zweckbindung, vielmehr führt diese zur Haushaltsflüchtigkeit, also der fehlenden Erfassung des Aufkommens aus den Sonderabgaben im Haushaltsplan. In der Entscheidung zur Schwerbehin-

[170] Ausführlich zu dieser *Vogel/Waldhoff*, in Bonner Kommentar (Fn. 119), Rdnr. 437 ff.; kritisch *P. Kirchhof*, Nichtsteuerliche Abgaben, in: Isensee/Kirchhof (Hrsg.), Handbuch des Staatsrechts der Bundesrepublik Deutschland, Bd. 5, 3. Aufl. 2007, § 119 Rdnr. 105 f.

[171] BVerfGE 55, 274.

derten-Ausgleichsabgabe[172] werden diese Kriterien für Sonderabgaben, die nicht primär Finanzierungszwecken dienen, sondern Antriebs- und Ausgleichsfunktion besitzen, modifiziert: Durch die Schwerbehinderten-Ausgleichsabgabe sollen Arbeitgeber angehalten werden, Schwerbehinderte einzustellen (Antriebsfunktion); die Belastungen zwischen denjenigen Arbeitgebern, die dieser Verpflichtung genügen, und denjenigen, die sie nicht erfüllen, soll ausgeglichen werden (Ausgleichsfunktion der Abgabe). In der ersten Entscheidung zum Absatzfondsgesetz[173] stellt das Bundesverfassungsgericht klar, dass die Kategorie der Sonderabgabe kein Auffangbecken für finanzverfassungsrechtlich nicht zu qualifizierende Abgaben, sondern eine eigene, durch die oben angegebenen tatbestandlichen Elemente qualifizierte Abgabenkategorie bildet. Eine Konsolidierung der bisherigen Rechtsprechung findet sich in der Kohlepfennig-Entscheidung:[174] Die Allgemeinheit der Stromverbraucher treffe keine besondere Finanzierungsverantwortung für die Aufgabe der Förderung des Steinkohleeinsatzes zur Stromerzeugung. Die bloße Nachfrage von Haushalten und Industrie nach dem gleichen Wirtschaftsgut forme die Verbraucher nicht zu einer „homogenen Gruppe" mit Finanzierungsverantwortung für diese Aufgabe. Der Kreis der Stromverbraucher sei nahezu konturenlos und gehe in der Allgemeinheit der Steuerzahler auf: „Das Interesse an einer Stromversorgung ist heute so allgemein wie das Interesse am täglichen Brot. Die Befriedigung eines solchen Interesses ist eine Gemeinschaftsaufgabe des Parlaments, das Finanzierungsinstrument die Gemeinlast der Steuer." Durch den Feuerwehrabgabenbeschluss[175] wurden die bisher entwickelten Grundsätze auch auf landesrechtliche geregelte Sonderabgaben übertragen.

Ein neues Erfordernis an die Zulässigkeit von Sonderabgaben stellt die Altenpflegeumlage-Entscheidung des Bundesverfassungsgerichts in Gestalt einer besonderen Dokumentationspflicht auf.[176] Um einer substantiellen Schwächung des Grundsatzes der Vollständigkeit des Haushaltsplans durch die zunehmende Zahl haushaltsflüchtiger Sonderabgaben entgegenzuwirken, sind diese in ihrem vollständigen Bestand in einer dem Haushaltsplan beigefügten Anlage zu dokumentieren. Diese Dokumentationspflicht rückt die Sonderabgabe jedoch auch weiter in den „Bereich des beinahe Normalen und Regelmäßigen"[177] und schwächt dadurch den Charakter der Sonderabgaben als „verfassungsrechtliche[n] Krisentatbestand"[178] weiter ab[179] – eine nicht unbedenkliche Entwicklung. 159

[172] BVerfGE 57, 139 (165 ff.).

[173] BVerfGE 82, 159.

[174] BVerfGE 91, 186 (205 f.).

[175] BVerfGE 92, 91.

[176] BVerfGE 108, 186 (218 f.); vgl. auch BVerfGE 110, 370 (389, 393); kritisch zur Umsetzung *Wahlhäuser,* Wird die „heimliche Steuer unheimlich"?, NVwZ 2005, S. 1389.

[177] *Selmer*, Die sogenannte Gruppennützigkeit der Sonderabgabe – eine Zulässigkeitsvoraussetzung im Wandel, in: FS für Reinhard Mußgnug, 2005, S. 217 (227).

[178] *P. Kirchhof,* Nichtsteuerliche Abgaben (Fn. 170), Rdnr. 74, 105.

160 Die jüngere Rechtsprechung des Bundesverfassungsgerichts zu den Sonderabgaben zeigt uneinheitliche Tendenzen, mit der Folge, dass verfassungsgerichtliche Erkenntnisse nur schwer voraussagbar sind. Zum einen kann eine Tendenz beobachtet werden, die zuvor, insbesondere in der Kohlepfennigentscheidung, sehr strikt gehandhabten Zulässigkeitskriterien der Sonderabgabe Stück für Stück aufzuweichen. Diese Entwicklung tritt am deutlichsten bezüglich der gruppennützigen Verwendung der durch Sonderabgaben erzielten Einnahmen und der mit dieser untrennbar zusammenhängenden besonderen Finanzierungsverantwortung der Pflichtigen zu Tage:[180] Im sog. Klärschlamm-Beschluss hat das Bundesverfassungsgericht eine „generelle Verbesserung der Bedingungen für eine landbauliche Verwertung", eine „mittelbare Verwendung des Abgabenaufkommens im Interesse der Abgabepflichtigen" bereits für ausreichend erachtet.[181] Dem durch das Bundesverfassungsgericht festgestellten „Fortschreiten der Sonderabgabengesetzgebung in Bund und Ländern"[182] wirkt das Gericht durch eine solche Aufweichung ihrer Zulässigkeitskriterien weniger entgegen, als diese noch zu befördern.[183]

161 Andere neuere Entscheidungen betonen demgegenüber die Strenge der Anforderungen aus der einschlägigen Judikatur. Wenn der Schein nicht trügt, wird durch die neueste Judikatur sogar größere Konsistenz erreicht – durch eine neuere Differenzierung: Während die Entscheidung zum „Klärschlamm-Entschädigungsfonds"[184] – wie gezeigt – sehr großzügig vorgeht, suchen die neuesten Entscheidungen, sofern sie *Finanzierungs*sonderabgaben (Sonderabgaben im eigentlichen Sinne) betreffen, die in der Rechtsprechung überkommenen Kriterien mehr oder weniger streng anzuwenden. Diese Differenzierung wird v.a. damit gerechtfertigt, dass sich der Gesetzgeber beim Klärschlamm-Entschädigungsfonds „der Abgabe zur Verfolgung eines Sachzwecks bedient, der über die bloße Mittelbeschaffung hinausgeht", er „gestaltend auf den geregelten Sachbereich Einfluss genommen" habe.[185] Insofern spricht der Zweite Senat von einem Instrument des „Umwelthaftungsrecht[s]"[186] bzw. von einer „versicherungsnahen Lösung".[187] Demgegenüber

---

179 Diese Tendenz begrüßt allerdings *Waechter*, Sonderabgaben sind normale Abgaben, ZG 2005, S. 97, insbesondere S. 120 f.

180 *Selmer,* Gruppennützigkeit (Fn. 177), S. 231 ff.; *Ossenbühl,* Zur Rechtfertigung von Sonderabgaben mit Finanzierungszweck, DVBl. 2005, S. 667 (672), vgl. bereits *Waldhoff,* Standortsuche (Fn. 145), S. 165.

181 BVerfGE 110, 370 (392); vgl. der Sache nach auch BVerfGE 113, 128 (152).

182 BVerfGE 108, 186 (218).

183 *Ossenbühl,* Sonderabgaben (Fn. 180), S. 670.

184 BVerfGE 110, 370.

185 BVerfGE 110, 370 (389).

186 BVerfGE 110, 370 (389).

187 BVerfGE 110, 370 (392).

seien bei Sonderabgaben, bei denen der *Finanzierungszweck* im Vordergrund stehe, strenge Maßstäbe anzulegen:

> „Die für alle nichtsteuerlichen Abgaben geltenden Begrenzungen hat das Bundesverfassungsgericht für Sonderabgaben mit Finanzierungsfunktion (Sonderabgaben im engeren Sinn) in besonders strenger Form präzisiert. Sonderabgaben im engeren Sinn zeichnen sich dadurch aus, dass der Gesetzgeber Kompetenzen außerhalb der Finanzverfassung in Anspruch nimmt, obwohl weder ein Gegenleistungsverhältnis noch ähnlich unterscheidungskräftige besondere Belastungsgründe eine Konkurrenz der Abgabe zur Steuer ausschließen. [...] Der Gesetzgeber darf sich der Abgabe nur im Rahmen der Verfolgung eines Sachzwecks bedienen, der über die bloße Mittelbeschaffung hinausgeht."[188] **162**

Nur vereinzelt sind die Rechtsprechung des Bundesverfassungsgerichts und die ihr zugrundeliegenden Vorarbeiten von *Peter Selmer*[189], *Reinhard Mußgnug*[190] und *Karl Heinrich Friauf*[191] insgesamt und kategorial in Frage gestellt worden.[192] Es wird zu Recht kritisiert, dass die entscheidenden Frage, ob es die Sonderabgabe „überhaupt als eigenständige Finanzierungsform geben darf", nicht mehr gestellt werde, sondern alleine durch grundgesetzferne Zulässigkeitskriterien halbherzig den gröbsten Auswüchsen begegnet werden solle.[193] Zentraler Angriffspunkt gegen die Rechtsprechung des Bundesverfassungsgerichts ist, dass das Gericht die Tatbestandsmerkmale der Sonderabgabe zugleich als deren Zulässigkeitsvoraussetzung sehe.[194] Die Sonderabgabe ist allerdings sehr wohl idealtypisch von anderen Abgabenarten abgrenzbar, auch wenn die finanzverfassungsrechtliche Qualifizierung von Abgaben in der Rechtsanwendung oft Schwierigkeiten bereitet. Von der Steuer unterscheidet sich die Sonderabgabe dadurch, dass ihr Belastungsgrund nicht das Leistungsfähigkeitsprinzip, sondern die Gruppenverantwortlichkeit für **163**

[188] BVerfGE 122, 316 (334); 123, 132 (141 f.). In diese Richtung auch bereits BVerfGE 108, 186 (217); s. ferner *M. Martini*, Zur Kasse bitte ...! Die Bankenabgabe als Antwort auf die Finanzkrise – Placebo, Heilmittel oder Gift? NJW 2010, 2019 (2020).

[189] Steuerinterventionismus und Verfassungsrecht, 1972, S. 183 ff.

[190] Die zweckgebundene öffentliche Abgabe, in: FS für Ernst Forsthoff, 2. Aufl. 1974, S. 59.

[191] Öffentliche Sonderlasten und Gleichheit der Steuerbürger, in: FS für Hermann Jahrreiß, 1974, S. 45; *ders.*, Die Zulässigkeit von außersteuerlichen Sonderabgaben, in: FS für Willy Haubrichs, 1976, S. 103.

[192] *Maunz*, in: Maunz/Dürig, Grundgesetz. Kommentar, Loseblattsammlung, Stand: 56. Lfg. Oktober 2009, Art. 105 Rdnr. 22; vermittelnd *Werner Heun*, Die Sonderabgaben als verfassungsrechtlicher Abgabetypus, DVBl. 1990, S. 666 (667).

[193] *Siekmann*, in: Sachs (Hrsg.), Grundgesetz. Kommentar, 5. Aufl. 2009, Rdnr. 147 ff.

[194] *Henseler*, Begriffsmerkmale und Legitimation von Sonderabgaben, 1984; *ders.*, Das Urteil zur Investitionshilfeabgabe in seiner Bedeutung für die Dogmatik des Abgabenrechts, NVwZ 1985, 398; *Osterloh*, Zur Zulässigkeit von Sonderabgaben – BVerfGE 55, 274, JuS 1982, 421 (424); *Jakob*, Sonderabgaben – Fremdköper im Steuerstaat?, in: FS für Franz Klein, 1994, S. 663 (676 ff.); *Puwalla*, Qualifikation von Abgaben, 1987, zusammenfassend S. 139.

einen speziellen Finanzierungszweck ist. Zudem fließt ihr Aufkommen nicht in den Haushalt. Im Gegensatz zu den Sozialversicherungsbeiträgen schließlich handelt es sich nicht um eine Abgabe mit spezifischem Bezug zur Sachmaterie „Sozialversicherung" im Sinne von Art. 74 Abs. 1 Nr. 12 GG.[195] Damit handelt es sich bei Sonderabgaben nicht um eine Auffangkategorie für anderweitig nicht qualifizierbare Abgaben, sondern um eine eigenständigen verfassungsrechtlichen Abgabentyp.[196]

164 Gerade die neuere, teilweise aufweichende Rechtsprechung zur Zulässigkeit von Sonderabgaben verdeutlicht erneut deren grundsätzliche Problematik: Bei einer großzügigen Handhabung der richterrechtlich entwickelten Kriterien geht die spezifische Schutzfunktion für den belasteten Bürger, nur durch in der Verfassung vorgezeichnete Abgaben verfassungsrechtlich eingehegt belastet zu werden, verloren. Das haushaltsverfassungsrechtlich nachvollziehbare, erhöhter Transparenz dienende Anliegen der haushaltsmäßigen Dokumentation bringt in einem unlösbaren Zielkonflikt – ungewollt – zugleich eine problematische „Normalisierung" und Gewöhnung an diesen abgabenrechtlichen Fremdkörper. Bei realistischer Betrachtungsweise ist trotz der gewichtigen grundsätzlichen Bedenken vom Fortbestand der skizzierten Judikatur auszugehen.

III. Verbandskompetenz

165 Da die geplante Abgabe nach der vorstehenden Analyse als Sonderabgabe zu qualifizieren ist, richtet sich die Verbandskompetenz für den Erlass des die Sonderabgabe einführenden Gesetzes nicht nach den Steuerkompetenznormen des Art. 105 GG, sondern nach den allgemeinen Sachkompetenzen der Art. 70 ff. GG.

166 Für die Einführung einer Sonderabgabe auf Unternehmen des Finanzdienstleistungssektors begründet Art. 74 Abs. 1 Nr. 11 GG eine konkurrierende Kompetenz des Bundes und der Länder. Die Bundeskompetenz muss auch nach der Neufassung dieser Norm durch die Föderalismusreform I[197] zusätzlich den Vorgaben des Art. 72 Abs. 2 GG genügen.

1. Recht der Wirtschaft (Art. 74 Abs. 1 Nr. 11 GG)

167 Art. 72 Abs. 1 Nr. 11 GG sieht eine konkurrierende Gesetzgebungskompetenz des Bundes für das Recht der Wirtschaft vor. Hierzu gehören namentlich die im Klammerzusatz aufgezählten Bereiche, die allerdings nicht erschöpfend sind.[198]

---

195 *Schuppert,* intermediäre Finanzgewalten (Fn. 154), S. 232, qualifiziert die Sozialversicherungsbeiträge als „Sonderabgaben i.w.S.".

196 *Kluth,* Die verfassungsrechtlichen Anforderungen an die Erhebung von Sonderabgaben, JA 1996, 260; *Schuppert,* intermediäre Finanzgewalten (Fn. 154), S. 245.

197 Gesetz zur Änderung des Grundgesetzes vom 28.08.2006, BGBl. I, S. 2034.

198 Statt vieler *Degenhart,* in: Sachs (Hrsg.), Grundgesetz. Kommentar, 5. Aufl. 2009, Art. 74 Rdnr. 44.

Darüber hinaus wird der Kompetenztitel des Art. 74 Abs. 1 Nr. 11 GG weit ausgelegt, sodass er alle das wirtschaftliche Leben und die wirtschaftliche Betätigung als solche regelnden Normen und Gesetze mit wirtschaftsregulierendem oder wirtschaftslenkendem Inhalt erfasst.[199] Die bloße Beschaffung von Finanzmitteln genügt jedoch nicht, um Art. 74 Abs. 1 Nr. 11 GG als Kompetenzgrundlage für eine nichtsteuerliche Abgabe heranzuziehen; vielmehr muss das Gesetz selbst wirtschaftsgestaltenden Inhalt haben. Nur das steuernde, das Marktverhalten leitende oder Staatsinterventionen ausgleichende Abgabengesetz kann auf Art. 74 Abs. 1 Nr. 11 GG beruhen.[200]

Die geplante Sonderabgabe soll der Beteiligung von Unternehmen des Finanz- 168
dienstleistungssektors an Kosten der gegenwärtigen oder an zukünftigen Finanzkrisen dienen. Solche Kosten entstehen aufgrund von Maßnahmen – etwa nach dem FMStFG –, durch die der Staat wirtschaftsgestaltend tätig wird. Das Bankwesen sowie das privatrechtliche Versicherungswesen sind als in Betracht kommende Abgabenschuldner im Klammerzusatz des Art. 74 Abs. 1 Nr. 11 GG ausdrücklich genannt. Art. 74 Abs. 1 Nr. 11 GG sieht somit die Verbandskompetenz des Bundes vor, eine Sonderabgabe von Finanzdienstleistungsunternehmen, insbesondere von Banken und Versicherungen, mit der skizzierten Zielsetzung zu erheben.

2. Allgemeine Voraussetzungen des Art. 72 Abs. 2 GG

Art. 74 Abs. 1 Nr. 11 GG stellt auch nach der Föderalismusreform eine Bedarfs- 169
kompetenz dar, die gemäß Art. 72 Abs. 2 GG nur dann besteht, wenn und soweit die Herstellung gleichwertiger Lebensverhältnisse im Bundesgebiet oder die Wahrung der Rechts- oder Wirtschaftseinheit im gesamtstaatlichen Interesse eine bundesgesetzliche Regelung erforderlich macht. Zu berücksichtigen ist, dass der Gesetzgeber einen Prognosespielraum sowohl hinsichtlich der Erforderlichkeit im Sinne des Art. 72 Abs. 2 GG, als auch hinsichtlich Konzept und Ausgestaltung des Gesetzes hat.[201] Die Voraussetzungen des Art. 72 Abs. 2 GG sind als eine Frage pflichtgemäßen Ermessens des Bundesgesetzgebers gerichtlich nur begrenzt überprüfbar und der Nachprüfung durch das BVerfG grundsätzlich entzogen,[202] wobei nach der neueren, strengeren Rechtsprechung sich das gesetzgeberische Ermessen vorrangig in gesteigerten Begründungs- und Darlegungspflichten auswirkt.[203]

---

[199] BVerfGE 68, 319 (330).

[200] BVerfGE 82, 159 (179 f.); *Schiller*, Sonderabgaben mit einer wirtschaftslenkenden Antriebs- und Sanktionsfunktion, 2000, S. 96.

[201] BVerfGE 106, 62 (149 ff.).

[202] St. Rspr. seit BVerfGE 2, 213 (224 f.), vgl. nur BVerfGE 110, 370 (286 f.).

[203] BVerfGE 106, 62 (135 ff.); zur neueren Rechtsprechung in dieser Hinsicht insgesamt *Waldhoff*, Verfassungsrechtliche Anforderungen an die Ausübung von Gesetzgebungskompetenzen (Art. 72 Abs. 2; 75 Abs. 2; 125a Abs. 2 GG) – materielles Kompetenzzu-

170 Die **Wahrung der Rechtseinheit** macht eine bundesgesetzliche Regelung nicht allein deshalb erforderlich, weil ohne bundesgesetzliche Regelung in den Ländern unterschiedliches Recht gälte; die Geltung unterschiedlichen Rechts ist notwendige Folge der bundesstaatlichen Ordnung.[204] Erforderlich sind vielmehr weitere Umstände, etwa eine nicht hinnehmbare Rechtszersplitterung und hieraus resultierende unzumutbare Behinderungen im länderübergreifenden Rechtsverkehr.[205] Würde eine Sonderabgabe nicht aufgrund Bundesgesetzes, sondern auf Länderebene eingeführt, hätte dies keine derartigen, unzumutbaren Folgen. Eine problematische Gesetzesvielfalt auf Landesebene ist nicht zu erwarten.

171 Entscheidend sind also nicht die Auswirkungen einer länderspezifischen Sonderabgabe auf die Rechtseinheit, sondern deren wirtschaftliche Auswirkungen. Diese sind von der **Wahrung der Wirtschaftseinheit** erfasst, die insbesondere auch die Geltung gleicher rechtlicher Bedingungen für wirtschaftliche Betätigung erfasst.[206] Würde eine Sonderabgabe auf Länderebene erhoben, hätte dies zur Folge, dass Finanzdienstleistungsunternehmen auf Länder ausweichen könnten, die die Sonderabgabe in vergleichsweise geringerer Höhe oder überhaupt nicht erheben. Dies wäre vor dem Hintergrund des Zwecks der Sonderabgabe wirtschaftspolitisch unsinnig, letztlich unzumutbar. Eine landesrechtliche Regelung würde daher zur Wahrung der Wirtschaftseinheit nicht ausreichen; die Möglichkeit der Selbstkoordination der Länder (sog. dritte Ebene im Bundesstaat) lässt die Erforderlichkeit nicht entfallen.[207] Eine bundesgesetzliche Regelung ist erforderlich. Die Notwendigkeit der bundesgesetzlichen Regelung müsste der Bundesgesetzgeber im Gesetzgebungsverfahren explizit darlegen und begründen; dies stellt keine unüberwindbare Schwierigkeit dar.

3. Zwischenergebnis

172 Der Bund hat nach Art. 74 Abs. 1 Nr. 11 GG die Verbandskompetenz zur Einführung einer Sonderabgabe auf Unternehmen des Finanzdienstleistungssektors. Die Voraussetzungen des Art. 72 Abs. 2 GG sind erfüllt.

---

weisungsrecht als Element einer Föderalismusreform, in: Henneke (Hrsg.), Föderalismusreform in Deutschland, 2005, S. 55 (58 ff., 61 ff.); zu den Begründungs- und Darlegungslasten *ders.*, „Der Gesetzgeber schuldet nichts als das Gesetz". Zu alten und neuen Begründungspflichten des parlamentarischen Gesetzgebers, in: FS für Josef Isensee, 2007, S. 325 ff.

204 *Degenhart,* in: Sachs (Hrsg.), Grundgesetz. Kommentar, 5. Aufl. 2009, Art. 72 Rdnr. 15.

205 BVerfGE 106, 62 (145).

206 *Degenhart,* in: Sachs (Hrsg.), Grundgesetz (Fn. 204), Art. 72 Rdnr. 17 m.w.N.

207 *Degenhart,* in: Sachs (Hrsg.), Grundgesetz (Fn. 204), Art. 72 Rdnr. 19 m.w.N.

IV. Materielle Vorgaben

Kern der finanzverfassungsrechtlichen Analyse ist die genaue Bestimmung der Kriterien einer Sonderabgabe und die Subsumtion der in ihren verschiedenen Varianten einleitend skizzierten Finanzmarktabgabe unter diese Voraussetzungen. Dazu ist zunächst zu untersuchen, welche Sachzwecke die Sonderabgabe erfüllen darf und welche Sachzwecke mit den hier zu untersuchenden Abgaben tatsächlich verfolgt werden (dazu unter Rdnr. 174 ff.). Anschließend sind vor dem Hintergrund der ermittelten Sachzwecke die verfassungsrechtlichen Anforderungen an die Gruppenhomogenität zu bestimmen. Die so gewonnenen verfassungsrechtlichen Maßstäbe sind dann auf die unterschiedlichen Unternehmenstypen innerhalb der Finanzdienstleistungsbranche anzuwenden (unter Rdnr. 183 ff.). Dabei sind die wirtschaftliche Funktion von Banken und Versicherungen sowie die vertragsrechtlichen, aufsichtsrechtlichen und insolvenzrechtlichen Rahmenbedingungen zu berücksichtigen, die sich jeweils ergeben; anzusprechen ist aber auch die unterschiedliche Betroffenheit der einzelnen Unternehmenstypen durch die aktuelle Finanzmarktkrise. In einem dritten Schritt ist die besondere Finanzierungsverantwortung der Gruppe für den Sachzweck zu analysieren (unter Rdnr. 263 ff.), bevor schließlich die Gruppennützigkeit der Mittelverwendung ins Blickfeld rückt (unter Rdnr. 272 ff.). **173**

1. Bestimmtheit und Legitimität des Sachzwecks

Sonderabgaben dürfen nicht allein zur Einnahmeerzielung erhoben werden. Mit ihnen muss zugleich ein Sachzweck verfolgt werden, der über die reine Mittelbeschaffung als solche hinausgeht, da andernfalls in den der Steuer vorbehaltenen Bereich der allgemeinen Staatsfinanzierung übergegriffen würde.[208] Sachzweck in diesem Sinne muss – anders als bei der Steuer der Sozialzweck in Entgegensetzung zum Fiskalzweck – nicht zwingend ein verhaltensbeeinflussender Zweck, also ein Lenkungszweck sein; der erforderliche Sachzweck kann auch in der spezifischen Verwendung der durch die Sonderabgabe erzielten Einnahmen liegen.[209] **174**

a) Kreis möglicher Zwecke

Als legitime Sachzwecke sind grundsätzlich alle diejenigen Zwecke anzusehen, die nach Maßgabe verfassungsrechtlicher und hier insbesondere grundrechtlicher Wertungen zu denjenigen potenziellen Zielen der Wirtschafts- und Finanzpolitik zählen, die sich im Rahmen einer demokratischen Bestimmung des Gemeinwohls halten und bei deren Erfüllung der Staat die Grundrechte weder positiv (durch Eingriffe) noch negativ (durch Vernachlässigung seiner Schutzpflichten) missachtet. An dieser Stelle ist die Legitimität der mit der Erhebung und Verwendung ei- **175**

---

[208] BVerfGE 122, 316 (334); 123, 132 (142).

[209] Zu der Unterscheidung von Lenkungs- und Verwendungszweck als den beiden prinzipiell möglichen Zwecken jenseits des Fiskalzwecks am Bsp. der Steuer *Waldhoff*, Die Zwecksteuer, StuW 2002, 285 (285 f.).

ner Sonderabgabe auf Unternehmen des Finanzdienstleistungssektors lediglich als solche, d.h. für sich genommen zu prüfen (zu Fragen von Eignung, Erforderlichkeit und Angemessenheit in der Zweck-Mittel-Relation siehe erst unten im Rahmen der grundrechtlichen Prüfung unter Rdnr. 321 ff.).

176 Prinzipiell sind zwei Gruppen von Sachzwecken denkbar und können von einander abgeschichtet werden:

- Sachzwecke, die schon durch die Mittel*erhebung* verwirklicht werden sollen („Lenkungszwecke“)
- Sachzwecke, die durch die Mittel*verwendung* verwirklicht werden sollen („Finanzierungszwecke“).

177 Lenkungszwecke sind auch bei Sonderabgaben prinzipiell zulässig.[210] Das Bundesverfassungsgericht unterscheidet zwischen Sonderabgaben mit Finanzierungszweck, bei denen die Finanzierungsfunktion Haupt- oder Nebenzweck sein kann, und sog. Ausgleichsabgaben eigener Art, welche keinen Finanzierungszweck verfolgen.[211] Innerhalb der Sonderabgaben unterscheidet das Gericht mithin zwischen Ausgleichs-Finanzierungsabgaben als „Sonderabgaben im engeren Sinn“ und Ausgleichsabgaben ohne Finanzierungszweck, also Sonderabgaben mit Lenkungsfunktion.[212] Sonderabgaben mit Lenkungszwecken hat das Bundesverfassungsgericht wiederholt für zulässig erachtet.[213] Wenn der Finanzierungszweck aber Haupt- oder Nebenzweck ist, ändern hinzutretende Lenkungszwecke nichts an der Geltung der vom Gericht entwickelten Kriterien für die Zulässigkeit einer Sonderabgabe.[214]

b) Auswirkungen auf die verfassungsgerichtliche Prüfungsdichte

178 Diese Unterscheidung dient dem Bundesverfassungsgericht in seiner jüngeren Judikatur zur Vorjustierung der Strenge, der Striktheit, mit der die Kriterien der Sonderabgabe geprüft werden. Zur Begründung wird angeführt, dass bei den Finanzierungssonderabgaben der Übergriff in den Bereich der Steuer – anders als bei Gebühren oder Beiträgen – besonders nahe liege:

179 > „Die für alle nichtsteuerlichen Abgaben geltenden Begrenzungen hat das Bundesverfassungsgericht für Sonderabgaben mit Finanzierungsfunktion (Sonderabgaben im engeren Sinne) in besonders strenger Form präzisiert. Sonderabgaben im engeren

---

[210] *Wernsmann*, Verhaltenslenkung in einem rationalen Steuersystem, 2005, S. 462 ff.

[211] BVerfGE 67, 256 (277); 82, 159 (181); *Wernsmann*, Verhaltenslenkung (Fn. 210), S. 462.

[212] BVerfGE 122, 316 (334); ausf. hierzu *P. Kirchhof*, Nichtsteuerliche Abgaben (Fn. 170), Rdnr. 90 ff.; ferner *Jarass*, Nichtsteuerliche Abgaben und lenkende Steuern unter dem Grundgesetz, 1999.

[213] BVerfGE 57, 139 (167 ff.) – Schwerbehindertenabgabe; BVerfGE 29, 402 – Konjunkturzuschlag zur Drosselung des privaten Verbrauchs; vgl. auch BVerfGE 67, 256 (277 f.); BVerfGE 93, 319 (345).

[214] BVerfGE 67, 256 (278).

Sinne zeichnen sich dadurch aus, dass der Gesetzgeber Kompetenzen außerhalb der Finanzverfassung in Anspruch nimmt, obwohl weder ein Gegenleistungsverhältnis noch ähnlich unterscheidungskräftige besondere Belastungsgründe eine Konkurrenz der Abgabe zur Steuer ausschließen."[215]

c) *Konsequenzen für die geplante Sonderabgabe*

Das Vorliegen eines Finanzierungszwecks steht bei der geplanten Sonderabgabe **180**
außer Frage, denn mit ihrem Aufkommen soll ein Fonds gespeist werden, der in weiteren Finanzmarktkrisen künftige Stützungsaktionen finanzieren soll.[216] Zu klären bleibt, welche Auswirkungen eine gleichzeitig verwirklichte Lenkungsfunktion auf die Prüfung der Sonderabgabenkriterien hat bzw. hätte. Eine solche Lenkungsfunktion wird aus dem Eckpunktepapier des Bundesfinanzministeriums vom 31. März 2010 freilich nicht explizit deutlich; sie soll hier gleichwohl in dem Sinne unterstellt werden, dass die Abgabe wegen ihrer Risikobezogenheit besonders riskante Geschäfte begrenzen soll.

Nach der Rechtsprechung des Bundesverfassungsgerichts ist es für das Vorliegen **181**
einer Finanzierungssonderabgabe (=Sonderabgabe im engeren Sinn) ausreichend, wenn zumindest *auch* ein Finanzierungszweck mit der Abgabenerhebung verfolgt wird.[217] Hierbei wird man mit *Rainer Wernsmann* jedoch noch weiter differenzieren müssen: Die Tatsache allein, dass überhaupt ein Abgabenaufkommen erzielt wird, führt nicht zu einer Finanzierungssonderabgabe, denn die Verhaltenslenkung ist praktisch immer mit einem Abgabenaufkommen zumindest in der Anfangsphase verbunden (dies gälte selbst für die sog. Erdrosselungssteuern). Derartige Abgaben ließen sich am ehesten mit Bußgeldern und Geldstrafen sowie Säumniszuschlägen vergleichen, deren Funktion ebenfalls nicht in der Einnahmeerzielung, sondern in der Sanktionierung unerwünschten Verhaltens liegt; sollen demgegenüber neben etwaigen Lenkungszwecken auch zweckgebundene Einnahmen, etwa zur Speisung eines Fonds, erzielt werden, handelt es sich um Finanzierungssonderabgaben:

---

[215] BVerfGE 122, 316 (334); 123, 132 (141 f.); NVwZ 2010, Tz. 20.

[216] Vgl. *Bundesministerium der Finanzen*, Eckpunkte für die Finanzmarktregulierung vom 31.03.2010: „Erhebung einer risikoadjustierten Bankenabgabe zur Errichtung eines Stabilitäts-Fonds zur Finanzierung künftiger Restrukturierungs- und Abwicklungsmaßnahmen bei Banken".

[217] BVerfGE 67, 256 (277), wo davon die Rede ist, dass „Ausgleichsabgaben eigener Art" – und somit gerade keine Finanzierungssonderabgaben – vorliegen, sofern „kein […] Finanzierungszweck" verfolgt werde; in BVerfGE 57, 139 (167 f.) wurde noch von einer Ausgleichsabgabe ausgegangen, wenn der Finanzierungszweck hinter der Antriebsfunktion „zurücktritt"; zum Ganzen näher und kritisch gewisse Unabgestimmtheiten aufzeigend auch *Wernsmann*, Verhaltenslenkung (Fn. 210), S. 462 f.: kasuistische und ergebnisorientierte Rechtsprechung; kritisch zuvor bereits *Schiller*, Sonderabgaben mit einer wirtschaftslenkenden Antriebs- und Sanktionsfunktion, 2000, S. 50 ff.

„Etwaige Lenkungszwecke allein können hingegen nicht ausreichen, um die Rechtfertigungsanforderungen für Sonderabgaben herabzusetzen.“[218]

182 Auf den vorliegenden Fall bezogen ist damit von einer Finanzierungssonderabgabe, d.h. von einer *strengen Anwendung* der Kriterien zulässiger Sonderabgaben auszugehen.

2. Homogenität der Gruppe der Abgabepflichtigen

183 Zentrale Bedeutung für die Ausgestaltung einer Sonderabgabe auf Unternehmen des Finanzdienstleistungssektors hat der Zuschnitt ihres persönlichen Anwendungsbereichs. In der Leitentscheidung zur Ausbildungsplatzförderungsabgabe aus dem Jahr 1980 umschreibt das Gericht die homogene Gruppe wie folgt:

184 „Eine gesellschaftliche Gruppe kann nur dann mit einer Sonderabgabe in Anspruch genommen werden, wenn sie durch eine gemeinsame, in der Rechtsordnung oder in der gesellschaftlichen Wirklichkeit vorgegebene Interessenlage oder durch besondere gemeinsame Gegebenheiten von der Allgemeinheit und anderen Gruppen abgrenzbar ist, wenn es sich also um eine in diesem Sinne homogene Gruppe handelt [...]. Es ist dem Gesetzgeber verwehrt, für eine beabsichtigte Abgabenerhebung beliebige Gruppen nach Gesichtspunkten, die nicht in der Rechts- und Sozialordnung materiell vorgegeben sind, normativ zu bilden.“[219]

185 Wegen des Ausnahmecharakters der Sonderabgabe stellt das Bundesverfassungsgericht an diese Grundentscheidung hohe Anforderungen. Durch die Bejahung oder Verneinung der Homogenität der Gruppe der Abgabenbelasteten ist zumeist schon die Vorentscheidung über die Zulässigkeit oder Unzulässigkeit der Sonderabgabe getroffen. Dies folgt in formeller Hinsicht aus dem Gebot der Dreifachkongruenz:

186 Die Gruppe der Abgabepflichtigen muss grundsätzlich identisch mit der Gruppe der Zweckverantwortlichen (unten Rdnrn. 263 ff.) und der Gruppe der potenziell Begünstigten sein (unten Rdnrn. 272 ff.). Aus diesem Gebot einer Dreifach-Kongruenz folgt, dass diejenigen Anforderungen, die an **eine** der drei Gruppen zu stellen sind, unterschiedslos auch die beiden **anderen** Gruppen betreffen und daher – bildlich gesprochen – vor die Klammer zu ziehen sind.

187 Zu diesen Anforderungen zählt in materieller Hinsicht die Homogenität der Gruppe. Sie ergibt sich aus dem Erfordernis, dass jedes Gruppenmitglied das Merkmal einer besonderen Nähe zu dem mit der Abgabe verfolgten Zweck aufweisen muss. Dieser enge Verantwortungszusammenhang von einander prinzipiell gleichgeordneten Akteuren verlangt, dass jeder einzelne Akteur bei typisierender Betrachtung

---

218 *Wernsmann*, Verhaltenslenkung (Fn. 210), S. 465.

219 BVerfGE 55, 274 (305 f.).

- die Gefahr, der die Sonderabgabe begegnen will, entweder **aktiv** mitverursacht hat oder
- dieser Gefahr in spezifischer Weise **passiv** ausgesetzt ist.

Dabei besteht zwischen beiden Anknüpfungspunkten kein generelles Exklusivverhältnis. Vielmehr ist der Gesetzgeber grundsätzlich frei, die Gruppe nach Maßgabe eines gemeinsamen Merkmals so zu definieren, dass sie nebeneinander aus Gefährdern und Gefährdeten besteht. Allerdings enthält die bundesstaatliche Finanzverfassung für den Fall, dass der Gesetzgeber die Erstreckung der Sonderabgabe auf Akteure der zweiten Kategorie in Betracht zieht, weiter gehende Begrenzungen. Sie ergeben sich aus dem verfassungsrechtlichen Erfordernis einer klaren Trennung zwischen Sonderabgabe und Steuer (Einzelheiten: Rdnrn. 190 ff.). **188**

Geht man gleichwohl von der politischen Grundidee einer Erstreckung der Sonderabgabe auf beide Akteursgruppen aus, muss der Gesetzgeber beide Gruppen zunächst „auf den Begriff bringen", d.h. sie am Maßstab eines gemeinsamen Merkmals identifizieren. Als derartiges Merkmal kann der Gesetzgeber im Kontext einer Abgabe zur Vorbeugung gegen Finanzkrisen das Merkmal der **Systemrelevanz** wählen. Wie gezeigt (oben Rdnr. 51 ff.), lässt sich das Merkmal der Systemrelevanz ökonomisch weiter auffächern. Zentrale Bedeutung hat dabei die Unterscheidung zwischen aktiver und passiver Systemrelevanz. Kennzeichnend für eine aktive Systemrelevanz ist, dass das betroffene Unternehmen im Insolvenzfall nicht nur als Teil einer Kettenreaktion fällt, sondern vervielfältigend wirkt. Ein passiv systemrelevantes Unternehmen trägt die Krise lediglich weiter, während ein aktiv systemrelevantes Unternehmen als Multiplikator über den Umfang des eigenen Unternehmens hinaus krisenverschärfend wirkt und im äußersten Fall eine Krise selbst verursachen kann. Dabei liegt jedenfalls in einer Erstreckung der Sonderabgabe auf die **aktiv systemrelevanten** Unternehmen eine die Homogenität der Gruppe der Abgabepflichtigen indizierende Grundentscheidung des Gesetzgebers, die als solche keinen finanzverfassungsrechtlichen Bedenken begegnet. **189**

Das grundsätzliche Gestaltungsermessen des Gesetzgebers zugunsten einer Einbeziehung auch der nur **passiv systemrelevanten** Akteure ist demgegenüber durch das negative Erfordernis eingeschränkt, dass die Gruppe der Abgabepflichtigen nicht – auch nicht annähernd – mit der Gesamtgruppe derjenigen identisch sein darf, die einer der klassischen, in Art. 105, 106 GG vorgesehenen Steuerarten unterliegen. Dies gilt jedenfalls dann, wenn auch der sachliche Gegenstand der Sonderabgabe Ähnlichkeit mit dem jeweiligen Steuergegenstand aufweist. Die Abgrenzbarkeit der mit der Abgabe belegten Gruppe muss sich auch und gerade vor der Allgemeinheit der Steuerzahler bewähren.[220] **190**

[220] BVerfGE 122, 316 (334).

191 Methodisch prägt dieses Verbot das Verständnis des Begriffs der Homogenität in der Sonderabgabendogmatik. Danach wäre z.B. der Kreis der von einer ertragsabhängigen Sonderabgabe Betroffenen dann nicht mehr homogen, wenn er in wesentlichen Bereichen mit dem Kreis der körperschaftsteuerpflichtigen und/oder dem Kreis der gewerbesteuerpflichtigen Unternehmen identisch wäre.

Da Finanzmarktkrisen – wie die Erfahrung der Jahre 2008 bis 2010 deutlich zeigt – stets Krisen der Realwirtschaft nach sich ziehen, hat dieses Verbot signifikante Bedeutung für die Frage, ob die nur passiv systemrelevanten Unternehmen der Finanzdienstleistungsbranche einer Sonderabgabe unterworfen werden können.

192 Geht man von dem engen ökonomischen Konnex von Finanz- und Realwirtschaft aus und berücksichtigt nach dem oben (Rdnr. 50) Gesagten, dass passiv systemrelevante Unternehmen der Finanzdienstleistungsbranche nicht mehr und nicht weniger von einer Finanzkrise betroffen sind als z.B. große Industrieunternehmen, namentlich die besonders konjunkturabhängigen Hersteller von Investitionsgütern, Maschinen, Schiffen und Fahrzeugen, begründet das Verbot einer steuerähnlichen Streubreite eine finanzverfassungsrechtlichen Sperrwirkung gegenüber einer Erstreckung der Sonderabgabe auf die gesamte Finanzdienstleistungsbranche. Erforderlich ist daher eine **spezifische, erheblich gesteigerte Betroffenheit** der Gruppe der Abgabenschuldner im Fall einer Finanzkrise gegenüber Unternehmen gleicher Größe anderer Branchen (hierzu näher unten Rdnr. 253).

193 Zusätzlich zu diesen i.e.S. inhaltlichen Vorgaben unterliegt der Gesetzgeber bei der Definition des Kreises systemrelevanter Unternehmen erhöhten Bestimmtheitsanforderungen, die sich aus den Grundrechten und dem Rechtsstaatsprinzip ergeben (Einzelheiten: unten Rdnr. 357 ff.).

a) Methoden zur Bestimmung der Homogenität

194 Eine Gruppe ist homogen, wenn sie durch eine gemeinsame, in der **gesellschaftlichen Wirklichkeit** (Rdnr. 196 ff.) oder in der **Rechtsordnung** (Rdnr. 209 ff.) vorgegebene Interessenlage oder durch besondere gemeinsame Gegebenheiten von der Allgemeinheit und anderen Gruppen abgrenzbar ist. Ob das der Fall ist, entscheidet das Bundesverfassungsgericht im Hinblick auf den mit der Sonderabgabe verfolgten Zweck.[221] Es ist dem Gesetzgeber verwehrt, beliebig Gruppen nach Gesichtspunkten, die nicht in der Rechts- oder Sozialordnung materiell vorgegeben sind, normativ zu bilden.[222] Gleichwohl besitzt der Gesetzgeber bei der Einführung der Sonderabgabe einen Typisierungs- und Ermessensspielraum. Dieser wird wiederum – im Sinne legislatorischer Selbstbindung – durch ein allgemeines Konsequenzgebot eingeschränkt. Maßstab für die Homogenität der Gruppe ist damit auch die tatbestandliche Ausgestaltung der Sonderabgabe selber (Rdnr. 211 ff.).

---

221 St. Rspr.; S. zuletzt BVerfG, 2 BvR 852/07 vom 16.09.2009, NVwZ 2010, 35 Tz. 23.

222 BVerfGE 67, 256 (276).

b) Risiko oder Systemrelevanz als Schwellenbegriffe?

195 Wie gesehen (oben Rdnr. 5 ff.), wird die Sonderabgabe primär oder sogar ausschließlich das Ziel einer nachhaltigen Sicherung der Stabilität der Finanzmärkte verfolgen. Diese Zwecksetzung verlangt die Minimierung von Risiken im Bereich derjenigen Finanzdienstleistungsunternehmen, die systemrelevant sind, und lässt die Einbeziehung von Unternehmen ohne Systemrelevanz am rechtsstaatlichen Erforderlichkeitsmerkmal scheitern.

196 Insofern braucht die Sonderabgabe zwar nicht jedes **unternehmerische Risiko** im Bereich der Finanzdienstleistungsbranche abzufedern oder gar auszuschalten. Die Kategorie des Risikos ist vielmehr als Kehrseite unternehmerischer Freiheit und als Funktionsbedingung von Innovation und Verantwortung ein ökonomisches Desiderat, v.a. aber auch ein grundrechtliches Gebot.

197 Anders verhält es sich aber mit dem Begriff der **Systemrelevanz**. Es steht dem Gesetzgeber im Grundsatz frei, durch Eingriffe in das Marktgeschehen (hier: die Einführung und Erhebung einer Sonderabgabe) Unternehmenszusammenbrüche dort zu verhindern, wo sie systemische Folgewirkungen hätten, d.h. zu Auslösern eines Domino-Effekts würden und damit eine unbestimmt lange Kette an Fremdschädigungen auslösten. In diesem Sinne kann der Begriff der Systemrelevanz zu einem sog. **Schwellenbegriff** werden: Wie näher zu zeigen sein wird (Rdnr. 213 ff.), zerschneidet er die Gesamtheit der Finanzdienstleistungsunternehmen in die Großgruppe systemrelevanter Unternehmen und die Großgruppe nicht systemrelevanter Unternehmen und steht der Erstreckung einer Sonderabgabe auf Unternehmen der zweiten Großgruppe von vornherein entgegen (Rdnr. 262).

198 Methodisch ist der Begriff der Systemrelevanz zugleich ein **Brückenbegriff** in die Ökonomie. Er adaptiert ökonomisches Prognosewissen für die Sphäre des staatlichen Rechts. Sobald der demokratische Gesetzgeber durch die Einführung einer Sonderabgabe in das Marktgeschehen eingreift und zu erkennen gibt, dass das zentrale handlungsleitende Interesse die Prävention bzw. Bewältigung künftiger Finanzkrisen ist, muss er sich am Merkmal der Systemrelevanz messen lassen; dadurch wird dieses Merkmal zu einem verfassungsrechtlichen Prüfstein.

aa) Erfordernis einer Prognose für den zukunftsgerichteten Mitteleinsatz

199 Eine Gruppe ist homogen, wenn sie durch eine gemeinsame, in der Rechtsordnung oder gesellschaftlichen Wirklichkeit vorgegebene Interessenlage oder durch besondere gemeinsame Gegebenheiten von der Allgemeinheit und anderen Gruppen abgrenzbar ist. Es ist dem Gesetzgeber verwehrt, beliebig Gruppen nach Gesichtspunkten, die nicht in der Rechts- oder Sozialordnung materiell vorgegeben sind, normativ zu bilden.[223]

---

223 BVerfGE 55, 274 (305 f.); 67, 256 (276).

200 Ob aber im Rahmen eines **zukunftsgerichteten Mitteleinsatzes** eine Mehrzahl von Unternehmen als homogene Gruppe i.S.d. Sonderabgabenrechtsprechung des Bundesverfassungsgerichts anzusehen ist, bedarf grundsätzlich einer Prognose, die dem Gesetzgeber obliegt.

201 Wegen des Ausnahmecharakters nichtsteuerlicher Abgaben und insbesondere der Sonderabgabe und ihres besonderen Rechtfertigungsbedarfs sind an diese Prognose hohe Anforderungen zu stellen. Die Prognose muss auf einer gründlichen Analyse des aktuellen Marktes beruhen, insbesondere Einzelrisiken und systemische Risiken nach Grund und Höhe identifizieren. Erkenntnisse aus früheren Krisen können als Indizien für die Benennung der zu belastenden Gruppe herangezogen werden.

bb) Erfordernis empirischer Analyse für den vergangenheitsgerichteten Mitteleinsatz

202 Die danach bestehenden Anforderungen an die Anspannung der Erkenntniskräfte sind umso höher, je besser die Feststellbarkeit der Risikoeinschätzung empirisch möglich ist. Sie reichen bis hin zu einer konkret erfahrungsbasierten Einzelberücksichtigung individueller Unternehmen und Akteure in denjenigen Fällen, die bereits in der Vergangenheit abgeschlossen sind. Soweit der Gesetzgeber sich entschließt, einer Sonderabgabe außer präventiven Funktionen auch eine Finanzierungsfunktion für einen bereits **in der Vergangenheit entstandenen Aufwand** (z.B. die ungedeckten Kosten aus dem Vollzug des FMStFG) zuzuweisen, muss er die zukunftsgerichtete Prognose durch eine vergangenheitsgerichtete Betrachtung, die in die Nähe einer Einzelbeweiserhebung rückt, ersetzen.

203 Allerdings ist er bei der Anwendung der danach anzulegenden empirischen Maßstäbe nicht verpflichtet, den Kreis der Abgabepflichtigen auf diejenigen Unternehmen zu beschränken, die tatsächlich unmittelbar Leistungen aus dem SoFFin bezogen haben. Vielmehr ist der Gesetzgeber grundsätzlich dazu befugt, auch indirekte Vorteile zu berücksichtigen, die ein Unternehmen, das sich nicht selber an den SoFFin gewandt hat, dadurch erlangt hat, dass es

- durch die Existenz des SoFFin und die abstrakte Möglichkeit seiner Inanspruchnahme an Bonität gewonnen oder eine sonst gefährdete Bonität behalten hat oder
- Geschäftspartner oder Anteilseigner eines von dem SoFFin geretteten Unternehmens war und durch ein Eingreifen des SoFFin bei diesem dritten Unternehmen keinen Forderungsausfall oder vollständigen Wertverlust der Anteile zu beklagen hatte.

204 Die Gestaltungsfreiheit des Gesetzgebers findet freilich ihre Grenze dort, wo Unternehmen in Anspruch genommen werden, die nicht in höherem Maße vom SoFFin profitiert haben als jeder andere steuerzahlende Betrieb auch. Zu beachten ist bei diesen Kriterien allerdings, dass sich die Unternehmen, die zumindest eines dieser

Kriterien erfüllen, zusätzlich von der Allgemeinheit der Unternehmen abgrenzen lassen müssen. Die in Anspruch genommenen Unternehmen müssen der zu finanzierenden Aufgabe evident näher stehen als jede andere Gruppe und die Gesamtheit aller Steuerzahler (zu Einzelheiten unten Rdnr. 263 ff.). Der Allgemeinheit sind unter Berücksichtigung des Zwecks der Sonderabgabe sämtliche Unternehmen zuzurechnen, die nicht in erheblich höherem Maße von Maßnahmen der Finanzmarktstabilisierung profitieren als viele andere steuerzahlende Betriebe auch. Positiv gewendet: Die Unternehmen der mit der Sonderabgabe zu belastenden Gruppe müssen in erheblich höherem Maße von Maßnahmen der Finanzmarktstabilisierung profitieren, als dies für vergleichbarer Unternehmen anderer Wirtschaftszweige der Fall wäre – insbesondere solcher, die von vornherein gegenüber dem SoFFin nicht anspruchsberechtigt waren. Eine bloße positive Reflexwirkung der Stabilisierung anderer Unternehmen reicht demnach nicht aus, um hiervon profitierende Unternehmen in Anspruch zu nehmen.

Im Interbankenhandel haben tatsächlich auch diejenigen Banken von Leistungen **205** des SoFFin profitiert, die nicht selber Empfänger derartiger Leistungen geworden sind, sondern lediglich als direkte oder indirekte Geschäftspartner von geretteten Banken (z.B. der HRE) von dem staatlichen Rettungsschirm profitiert haben. Entsprechendes gilt für Anteilseigner von Unternehmen, die von Maßnahmen nach dem FMStFG profitiert haben: Befinden sich unter den Anteilseignern nicht nur potenzielle Abgabenschuldner, sondern auch andere natürliche Personen oder Körperschaften des privaten oder öffentlichen Rechts, die gleichermaßen von Rettungsmaßnahmen profitiert haben wie diese, so verbietet es sich, die mit der Beteiligung verbundenen wirtschaftlichen Vorteile als gruppenkonstituierendes Merkmal heranzuziehen.

Demnach ist eine retrospektive Einbeziehung von Unternehmen des Versiche- **206** rungssektors ausgeschlossen. Tatsächlich haben ausschließlich Banken, nicht hingegen Versicherungsunternehmen auf die durch das FMStG zur Verfügung gestellten Garantien und Möglichkeiten zurückgegriffen.[224] Die Divergenz zwischen prinzipiell anspruchsberechtigten Unternehmen gem. § 2 Abs. 1 FMStFG und der tatsächlichen Inanspruchnahme der Möglichkeiten dieses Gesetzes kann bei einer retrospektiven Finanzierungsfunktion des Fonds – jenseits aller angedeuteten Abgrenzungsprobleme – nicht zu einer Einbeziehung des Versicherungsgewerbes in eine derartige Sonderabgabe führen.

Die weiteren Überlegungen zum Vorliegen einer homogenen Gruppe im Sinne der **207** Judikatur zu den Sonderabgaben beziehen sich somit auf einen in der Zukunft liegenden – prospektiven – Finanzierungszweck, d.h. der Speisung eines Fonds zur Abwehr bzw. Bewältigung zukünftiger Finanzmarktkrisen.

---

[224] http://www.soffin.de/de/soffin/leistungen/massnahmen-aktuell.

208 Die Homogenität der Gruppe kann auch durch Normen – die bereits vor Schaffung der Sonderabgabe prägend sind – erfolgen. Das BVerfG hat in seiner jüngsten Entscheidung über eine Sonderabgabe – über die Ausgangspunkte der relevanten Rechtsprechungslinie hinausgehend – die Gruppenhomogenität damit begründet, dass die zu belastende Gruppe in der europäischen Rechtsordnung vorstrukturiert sei.[225] Diesem Gedanken der rechtlichen Vorstrukturierung kann in einer weitenden Perspektive die grundsätzliche Beachtlichkeit einer gesetzgeberischen Entscheidung zur gleichartigen Behandlung der unter das entsprechende Regime fallenden Subjekte entnommen werden. Findet sich für die unter die Sonderabgabe fallende Gruppe aber keine einheitliche rechtliche Vorstrukturierung, so kann dies als erstes Indiz dafür gewertet werden, dass sich die betreffenden Subjekte in qualitativer Hinsicht für die Fassung unter eine einheitliche Sonderabgabe zu sehr unterscheiden. Durch die Schaffung eines unterschiedlichen gesetzlichen Umfeldes hat der Gesetzgeber selbst ein Indiz für die Inhomogenität der Subjekte geschaffen.

209 Die Validierung dieses rechtlichen Indizes für eine Inhomogenität erfolgt anhand der sachlichen Unterschiedlichkeit der Regelungsregime mit Hinblick auf den Sachzweck der Sonderabgabe. Die Exklusivität der persönlichen Anwendungsbereiche muss durch eine gewisse qualitative Unterschiedlichkeit der materiellen Regelungen begleitet werden. Deren Differenzen müssen dabei eine Korrelation mit dem Sachzweck der Sonderabgabe aufweisen.

210 Bei der verfassungsrechtlichen Beurteilung der Homogenität der Gruppe der Abgabepflichtigen sind neben wirtschaftlich-faktischen Kriterien und den normativen Vorprägungen, die sich aus anderweitigen Regelwerken ergeben, auch die Wertungen heranzuziehen, die der Gesetzgeber selber bei der Einführung und Ausgestaltung der Sonderabgabe vorgenommen hat.

211 Danach ist eine Gruppe jedenfalls dann nicht mehr homogen, wenn der Gesetzgeber bei der Bemessung der Sonderabgabe

- auf der Ebene der Bemessungsgrundlage (oben Rdnr. 19 ff.) und/oder
- auf der Ebene der Tarifgestaltung (oben Rdnr. 35)

Differenzierungen zwischen unterschiedlichen Typen von Abgabepflichtigen eingeführt hat, also z.B. an unterschiedliche Kennzahlen anknüpft, je nachdem, ob der Abgabepflichtige eine Bank oder eine Versicherung ist. Zwar ließe sich ein solches Vorgehen dahingehend deuten, dass der Gesetzgeber mehrere, in sich homogene Gruppen, die allerdings gemeinsam keine homogene Gruppe bilden, mit mehreren, auf die jeweiligen Gruppen zugeschnittenen Sonderabgaben belastet. In diesem Fall wäre allerdings im Rahmen der gruppennützigen Verwendung erforderlich, dass die Mittel in getrennte, den jeweiligen Gruppen entsprechenden Vermögensmassen fließen (siehe hierzu näher unten Rdnrn. 272 ff.). Die Mittel dürften

---

[225] BVerfGE 122, 316 (335 f.).

also nicht „in einen Topf“ fließen, der Sache nach handelte es sich um zwei verschiedene Sonderabgaben.

c) *Nähe von Banken, Versicherungen und sonstigen Finanzdienstleistungsunternehmen*

Wie oben (Rdnr. 47 ff.) gezeigt, bestehen grundsätzliche Unterschiede zwischen dem Banken- und dem Versicherungssektor. Zwar können beide Bereiche als Finanzintermediäre i.w.S. beschrieben werden; das ändert jedoch nichts an kategorialen Unterschieden zwischen beiden Wirtschaftsfeldern. Sie sind – zumindest im Kern – jeweils durch besondere Merkmale und spezifische Risikosituationen gekennzeichnet. **212**

Dies lässt sich besonders klar für Schadensversicherungen zeigen. Sie dienen allein der Absicherung von Risiken: Versicherer leisten Zahlungen an Versicherungsnehmer gegen vorher festgelegte Prämien für vertraglich vereinbarte Schäden, die nach Höhe und Zeitpunkt ungewiss sind. Sie bewirken mithin lediglich eine vertikale Risikotransformation im Kollektiv der Versicherten. Dies ist schon phänotypisch eine vollkommen andere wirtschaftliche Funktion als das Ansammeln und die Verteilung von Kapital. **213**

Aber auch kapitalbildende Versicherungen wie insbesondere die kapitalbildende Lebensversicherung einschließlich der Rentenversicherung haben mit ihrer Langfristorientierung ein – schon aus theoretischen Gründen – grundsätzlich anderes Risikoprofil als entsprechende Bankdienstleistungen. Dadurch können die bei Vertragsschluss kalkulierten Prämien normalerweise bis zum Vertragsablauf nicht mehr angepasst werden. Derartige Spar- und Entspargeschäfte der Versicherungswirtschaft sind stets mit einem Risikoelement verknüpft – es gibt zwar Risikolebensversicherungen ohne Sparanteil, jedoch keine kapitalbildenden Lebensversicherungen ohne Risikoanteil. **214**

Grundsätzlich kann somit festgehalten werden, dass sämtliche Versicherungen im Kern eine passivseitige vertikale Risikotransformation, d.h. einen Ausgleich der Risiken im Versichertenkollektiv und in der Zeit vornehmen. Es ist mithin gerade diese explizite Übernahme von Risiken, die das Kerngeschäft der Versicherung bildet. Bei Banken steht demgegenüber die Liquiditätstransformation zwischen der Aktiv- und der Passivseite im Vordergrund, welche durch eine horizontale Risikotransformation des Finanzintermediärs ergänzt wird.[226] Das schließt nicht aus, dass nicht auch Banken bestimmten externen Risiken unterliegen und sie daher in ihrer kapitaltransformierenden Tätigkeit diese ohnehin existenten Risikofaktoren berücksichtigen. Die Abfederung von Risiken ist aber bei Bankprodukten stets nur Beiwerk zu einer Kernleistung, die in der intertemporalen Transformation von Kapital besteht. **215**

---

[226] Vgl. ewa *Schubert/Grießmann*, Solvency II = Basel II + X, Versicherungswirtschaft 2004, S. 1399 (1402); *dies.*, Basel II versus Solvency II, o.J., S. 7 ff.

216 Auch bestehen wesentliche Unterschiede hinsichtlich der Liquiditätsrisiken: Diese bei Banken – wie die aktuelle Finanzmarktkrise gezeigt hat – relevante Gefahr kann bei Versicherungsunternehmen nur unter extremen Konstellationen aktuell werden (Bsp.: massive Kündigungswelle von Lebensversicherungsverträgen, die das Versicherungsunternehmen dazu zwingt, langfristige Kapitalanlagen kurzfristig zu liquidieren). Demgegenüber steht das Liquiditätsmanagement bei Banken ganz im Vordergrund, die Bank muss jederzeit zahlungsfähig sein, indem sie die Ein- und Auszahlungsströme entsprechend koordiniert. Anders als beim Versicherungsgeschäft mit seinen regelmäßig vorschüssigen und langfristig berechenbaren Prämienzahlungen sind die Einzahlungen im Bankbereich allenfalls als stochastische Größen prognostizierbar. Versicherer bleiben dagegen durch Beitrags- und Prämienzahlungen weitgehend konjunkturunabhängig liquide. Es sind jedenfalls keine weitergehenden Engpässe als in anderen Wirtschaftsbranchen, insbesondere der Realwirtschaft, zu erwarten.

217 Die unterschiedliche systemische Relevanz für die beiden Wirtschaftsbereiche wurde ebenfalls bereits herausgestellt. Diese Unterschiede nimmt auch die Rechtsordnung auf: Nach § 47 KWG kann die Bundesregierung bei wirtschaftlichen Schwierigkeiten von Kreditinstituten, die „schwerwiegende Gefahren für die Gesamtwirtschaft, insbesondere den geordneten Ablauf des allgemeinen Zahlungsverkehrs, erwarten lassen",

- dem Kreditinstitut Aufschub für die Erfüllung seiner Verbindlichkeiten gewähren und
- anordnen, dass während der Dauer des Aufschubs Zwangsvollstreckungsmaßnahmen nicht zulässig sind,
- eine vorübergehende Schließung von Kreditinstituten sowie die vorübergehende Schließung von Börsen anordnen.

Demgegenüber sind entsprechende Befugnisse gegenüber Versicherungsunternehmen bei entsprechenden Situationen nicht vorgesehen.

aa) Aufsichtsregime

218 Das Aufsichtsregime von Banken und Versicherung unterscheidet sich fundamental – auch wenn vor einiger Zeit die BaFin als gemeinsame Aufsichtsbehörde begründet worden ist.[227] Die institutionelle Aufsicht ist in der Sache für Bankunternehmen im KWG, für Versicherungsunternehmen hingegen im VAG geregelt. Die oberflächlichen, durch eine gemeinsame Aufsichtsbehörde suggerierten Gemeinsamkeiten dürfen nicht überbetont werden und der ursprünglich von der Praxis propagierte Trend zum Allfinanzkonzern dürfte – nicht nur wegen des Scheiterns

[227] *Röhl*, Finanzmarktaufsicht (Fn. 35), Rdnrn. 12, 91 ff.

der Fusion von Allianz SE und Dresdner Bank AG – abgelöst worden sein.[228] Die Gemeinsamkeit, dass beide Bereiche irgendwie risikobehaftet sind,[229] reicht für eine normative Vorprägung im Sinne der Sonderabgabenjudikatur allein nicht aus.

Auch die nicht institutionell, sondern funktional ausgerichtete Kapitalmarktaufsicht i.e.S., das Wertpapierhandelsrecht mit dem WpHG,[230] das nicht zwischen der institutionellen Struktur der Marktakteure unterscheidet, vermag die Klammer nicht herzustellen, denn der Wertpapierhandel gehört nicht zu den Kerngeschäften von Versicherungen. **219**

Als Zwecke der **Bankenaufsicht** werden der Schutz der Institutsgläubiger als Gruppe, der Schutz des Vertrauens der Öffentlichkeit in die Funktionsfähigkeit der Kreditwirtschaft sowie der Schutz der Gesamtwirtschaft vor negativen Auswirkungen aus dem Bankenbereich (§ 3 KWG) genannt. Allgemeinwirtschaftliche Schutzgüter stehen damit im Vordergrund, das Element des Verbraucherschutzes erweist sich eher als Reflex, denn als primäres Schutzgut der Bankenaufsicht. **220**

Das KWG kennt kein grundsätzliches Verbot des Betriebs bankfremder Geschäfte, die Banken verbotenen Geschäfte werden demgegenüber in einer vergleichsweise engen Aufzählung in § 3 KWG erwähnt. Diese Norm folgt keinem einheitlichen Muster, es handelt sich hierbei um die Zuweisung bestimmter Geschäfte an Werksparkassen und Zwecksparunternehmen sowie um das Verbot eines Bankgeschäfts, das übermäßig nachteilig für die Kunden ist. Im Übrigen kennt das KWG nur eine Liste typischer Bankgeschäfte, die es aber vor dem Hintergrund seiner eigenen Anwendbarkeit definiert (§ 1 Abs. 1 Nr. 1 – 12; § 1 Abs. 1a Nr. 1 – 11 sowie § 1 Abs. 3 Nr. 1 – 8 KWG). **221**

Als Rechtsformerfordernis kennt das KWG für Kreditinstitute lediglich das Verbot des Betriebs als Einzelkaufmann, § 2b Abs. 1 KWG. **222**

Bestimmender Zweck der **Versicherungsaufsicht** ist die Wahrung der Belange der Versicherungsnehmer (Versicherungsnehmerschutz, § 81 Abs. 1 Satz 2 VAG). Der Schutz des jeweiligen Versicherungsunternehmens oder des Finanzmarktes als solchem ist demgegenüber zumindest nicht Hauptzweck der Versicherungsaufsicht, stellt sich ggf. jedoch als Reflexwirkung ein.[231] **223**

---

[228] Insoweit übereinstimmend *Röhl*, Finanzmarktaufsicht (Fn. 35), Rdnr. 8. Zu den spezifischen Problemen der Finanzkonglomerate S. auch Rdnrn. 0 ff.

[229] *Röhl,* Finanzmarktaufsicht (Fn. 35), Rdnr. 7.

[230] Näher *Hecker*, Marktoptimierende Wirtschaftsaufsicht, 2007, S. 69 ff.; *Bumke*, Kapitalmarktregulierung, Die Verwaltung 41 (2008), S. 227 ff.; *Röhl*, Finanzmarktaufsicht (Fn. 35), Rdnrn. 24 ff.

[231] Zu den Zwecken der Versicherungsaufsicht näher *Fahr/Kaulbach/Bähr*, VAG, 4. Aufl. 2005, vor § 1 Rdnrn. 8 ff.; *Prölls*, VAG, 12. Aufl. 2005, Vorbem. Rdnrnn. 56 ff.; *Winter*, Versicherungsaufsichtsrecht, 2007, S. 51 ff.

224 Für Versicherungsunternehmen schließt § 7 Abs. 2 VAG die Aufnahme von Bankgeschäften aus. Dies impliziert das Fehlen einer institutionellen Vergleichbarkeit im Verhältnis zum Endkunden, bedeutet jedoch nicht zwangsläufig auch die Vergleichbarkeit in der Stellung am Finanzmarkt. Vor allem sind damit typische Bankgeschäfte untersagt. Ratio legis der Vorschrift ist es, das Versicherungsgeschäft gegen die Risiken aus anderen Geschäftsfeldern, insbesondere Bankgeschäften, abzuschotten.

225 Für den Betrieb von Versicherungen gibt es gem. § 7 Abs. 1 VAG einen numerus clausus zulässiger Rechtsformen. Danach darf die Erlaubnis nur Aktiengesellschaften einschließlich der Europäischen Gesellschaft (SE), Versicherungsvereinen auf Gegenseitigkeit sowie Körperschaften und Anstalten des öffentlichen Rechts erteilt werden.

226 Versicherungen gehören zu den größten institutionellen Investoren in Deutschland. Die Anlagen der Versicherungsunternehmen sind regelmäßig langfristorientiert. Der deutsche Gesetzgeber unterwirft die Anlagen der Versicherer zahlreichen quantitativen und qualitativen Vorgaben, um die Aufsichtsziele – Erfüllung der Verpflichtungen aus den Versicherungsverträgen – zu stützen. Die Stellung der Versicherungen wird daher wesentlich durch die Anlagebeschränkungen des § 54 VAG und der AnlV bestimmt.[232] Aus diesen Rechtsgrundlagen ergeben sich als allgemeine Anlagegrundsätze für Versicherungen Sicherheit, Rentabilität, Liquidität sowie Mischung und Streuung der Anlagen. Im Gegensatz zu Banken kann das gebundene Vermögen, das zur Sicherung der Kundengelder erforderlich ist, nur in bestimmte Finanzprodukte angelegt werden. Wesentliche Eigenschaft dieser Anlagen ist die besondere Absicherung etwa durch dingliche Rechte. Bei Versicherungen existieren wesentlich strengere präventive Vorschriften in diesem Bereich: Die BaFin überwacht die Solvenzmarge, die Einhaltung der AnlV, Prüfberichts-VO sowie diverse Dokumentationspflichten. Die für 2010 geplante Novelle der AnlV soll – unter Berücksichtigung der Folgen der Finanzmarktkrise – die Anlagemöglichkeiten der Versicherungsunternehmen anpassen.

227 Anders als bei Kreditinstituten existieren im Versicherungsaufsichtsrecht keine Regelungen, die der Aufsicht besondere Befugnisse bei Schwierigkeiten von Versicherungen, die schwerwiegende Gefahren für die Gesamtwirtschaft implizieren, einräumen. Dies ist ein Indiz dafür, dass der Gesetzgeber davon ausgeht, dass von der Insolvenz von Versicherungsunternehmen keine spezifischen Gefahren für die Gesamtwirtschaft ausgehen.

228 Es liegt auf dieser Linie, dass das Bundesverfassungsgericht in seiner jüngsten Entscheidung zur BaFin-Umlage maßgeblich darauf abstellt, inwieweit die von einer

[232] Vgl. oben Rdnrn. 111 ff.; Verordnung über die Anlage des gebundenen Vermögens von Versicherungsunternehmen (Anlageverordnung – AnlV) vom 20.12.2001, BGBl. I, 3913, zuletzt geändert durch Verordnung vom 21.12.2007, BGBl. I, 3278.

Sonderabgabe betroffenen Unternehmen „auch in der europäischen Rechtsordnung als Gruppen vorstrukturiert"" sind.[233]

229 Als **Zwischenergebnis** kann festgehalten werden, dass kategoriale Unterschiede in der Ausgestaltung der Banken- und der Versicherungsaufsicht bestehen. Nach den aufsichtsrechtlichen Regeln besteht insofern keine normativ vorgeprägte homogene Gruppe. Den grundsätzlichen Antagonismus zwischen Versicherungsaufsicht und der Banken- und Wertpapierhandelsaufsicht hat auch das Bundesverfassungsgericht jüngst nachdrücklich hervorgehoben.

bb) Instrumentarien der Insolvenzvermeidung

Auch in Bezug auf die Vermeidung von Insolvenzen können signifikante Unterschiede zwischen dem Bank- und dem Versicherungssektor ausgemacht werden. Die beiden gesetzlichen Systeme unterscheiden sich sowohl in der Schutzrichtung als auch im Schutzniveau. 230

Der Versicherungsaufsicht steht eine Vielzahl möglicher Maßnahmen zur Verfügung, um im Vorfeld des Eintritts einer Insolvenz eines Versicherungsunternehmens einzugreifen: 231

- bei drohender Unterschreitung der Solvabilitätsspanne kann die Aufsicht die Vorlage eines Plans zur Wiederherstellung gesunder Finanzverhältnisse (Solvabilitätsplan) verlangen (§ 81b Abs. 1 VAG);
- sind die Eigenmittel geringer als der Garantiefonds (§ 53c Abs. 1 Satz 2 VAG), kann die Aufsicht einen Plan über die kurzfristige Beschaffung der erforderlichen Eigenmittel (Finanzierungsplan) verlangen (§ 81b Abs. 2 VAG);
- besteht die Gefahr, dass die Erfüllbarkeit der Verpflichtungen gegenüber Versicherungsnehmern gefährdet ist, kann die Aufsicht die Vorlage eines Plans zur Verbesserung der Finanzverhältnisse des Unternehmens (finanzieller Sanierungsplan) verlangen (§ 81b Abs. 2a VAG);
- zur Wahrung der Belange der Versicherten kann die Aufsichtsbehörde verlangen, die Eigenmittel abzuwerten (§ 81b Abs. 2b VAG);
- die Aufsichtsbehörde kann auch Anordnungen zur Vermögensanlage erlassen (§ 81b Abs. 3 VAG);
- die Aufsichtsbehörde kann bei Gefahr für die Erfüllbarkeit der Verpflichtungen aus den Versicherungsverträgen Zahlungen an konzernangehörige Unternehmen untersagen oder beschränken (§ 81b Abs. 5 VAG);

---

[233] BVerfG, 2 BvR 852/07 vom 16.09.2009, NVwZ 2010, 35 Tz. 23; unter Hinweis auf das Urteil 2 BvL 54/06 vom 03.02.2009, DVBl 2009, 375 (377).

- werden keine angemessenen Zuführungen zur Rückstellung für Beitragsrückerstattung in der Lebensversicherung vorgenommen, kann die Aufsicht einschreiten (§ 81c VAG);
- auch bei der Krankenversicherung kann die Aufsicht einschreiten, sofern keine angemessenen Zuführungen zur Rückstellung für erfolgsabhängige Beitragsrückerstattungen vorgenommen werden (§ 81d VAG);
- stellt die Aufsicht fest, dass ein Unternehmen dauerhaft nicht in der Lage sein wird, seine Verpflichtungen zu erfüllen, kann sie, wenn sie es für den Schutz der Versicherungsnehmer für angemessen hält, eine Insolvenz zu vermeiden, alle notwendigen Anordnungen treffen, insbesondere Zahlungsverbote verhängen; in der Lebensversicherung kann sie auch die Verpflichtungen gegenüber den Versicherungsnehmern herabsetzen (§ 89 VAG);
- die Aufsichtsbehörde kann einen Sonderbeauftragten entsenden, der die Befugnisse von Unternehmensorganen wahrnimmt, wenn die Erfüllbarkeit der Verpflichtungen aus den Versicherungsverträgen gefährdet ist (§ 83a Abs. 1 Nr. 3 VAG).

232 Demgegenüber sind die Möglichkeiten der Bankenaufsicht im Vorfeld der Insolvenz eines Kreditinstituts deutlich geringer ausgeprägt: Bei Unterschreiten der notwendigen Eigenmittel, der Nichteinhaltung von Anlagevorschriften oder der Gefahr, dass das Institut seine Verpflichtungen dauerhaft nicht wird erfüllen können, kann die Bankenaufsicht die Entnahme durch Inhaber der Gesellschaft sowie Gewinnausschüttungen untersagen oder beschränken, die Gewährung von Krediten untersagen oder beschränken und anordnen, dass das Institut Maßnahmen zur Reduzierung von Risiken ergreift. Die Aufsicht kann ferner die Auszahlung von Erträgen auf Eigenmittelinstrumente untersagen oder beschränken, die nicht vollständig durch einen erzielten Jahresüberschuss gedeckt sind; sie kann bilanzielle Maßnahmen untersagen, die dazu dienen, einen entstandenen Jahresfehlbetrag auszugleichen oder einen Bilanzgewinn auszuweisen (§ 45 KWG). Bei Gefahr für die Erfüllung der Verpflichtungen eines Instituts gegenüber seinen Gläubigern kann die Aufsicht Anweisungen für die Geschäftsführung des Instituts erlassen, die Annahme von Einlagen oder Geldern oder Wertpapieren sowie die Gewährung von Krediten verbieten, Inhabern und Geschäftsleitern die Ausübung ihrer Tätigkeit untersagen oder Aufsichtspersonen bestellen (§ 46 KWG). Unter den vorgenannten Voraussetzungen kann die Aufsicht auch ein Veräußerungs- und Zahlungsverbot für das Institut erlassen, die Schließung des Instituts für den Kundenverkehr anordnen oder die Entgegennahme von Zahlungen, die nicht zur Tilgung von Schulden gegenüber dem Institut dienen, verbieten, soweit keine Einlagensicherung besteht (§ 46a KWG).

cc) Insolvenz

233 Sowohl bei Banken als auch bei Versicherungen kann der Antrag auf Eröffnung des Insolvenzverfahrens jeweils nur von der Aufsicht gestellt werden (§ 88 Abs. 1 VAG; § 46b Abs. 1 KWG). In der Sache bestehen jedoch gravierende Unterschiede von kaum zu überschätzender Bedeutung: Bei Versicherungsunternehmen ist ein Sicherungsvermögen gem. §§ 66 ff. VAG zu bilden, das gesondert verwaltet und dessen Bestand in besonderer Weise sichergestellt wird. Im Insolvenzfall haben die Forderungen der Versicherten und der Begünstigten sowie geschädigter Dritter mit Direktanspruch Vorrang vor allen anderen Insolvenzgläubigern bei Befriedigung aus den Werten des Sicherungsvermögens (§ 77a VAG). Im Bereich der Banken existiert kein entsprechendes Institut. Hier sind allein die Einlagensicherungseinrichtungen berufen.

dd) Insolvenzsicherung

Auch die Systeme der Insolvenzsicherung, d.h. bei eingetretener Zahlungsunfähigkeit, sind unterschiedlich gestaltet. **234**

Für Versicherungsunternehmen gelten die §§ 124 ff. VAG i.V.m. entsprechenden Verordnungen.[234] In der Sache gilt für Lebens- und Krankenversicherungen das Konzept der Fortführung der geschlossenen Versicherungsverträge: Trotz Insolvenz des Versicherungsunternehmens werden die Verträge im vollen vertraglichen Umfang von den Auffanggesellschaften durch hoheitliche Übertragung des Versicherungsbestands weitergeführt. Die Auffanggesellschaften – Protektor Lebensversicherungs-AG und die Medicator AG für die Krankenversicherung – werden insofern als beliehene Unternehmen tätig, die von der Versicherungswirtschaft durch Umlagen finanziert werden. Neben der Fortführung der Verträge kann die Auffanggesellschaft den ihr übertragenen Bestand auch sanieren und an private Interessenten weiterreichen. Damit wird sowohl eine Sicherung gegen finanziellen Verlust, als auch gegen biometrische Risiken verwirklicht. Bei den keinen Sparanteil enthaltenden Schadensversicherungen existiert demgegenüber – mit Ausnahme der Kraftfahrzeug-Haftplichtversicherung (siehe oben Rdnr. 121) – keine Insolvenzsicherung. **235**

Die gesetzliche Insolvenzsicherung bei Bankinstituten richtet sich nach dem Einlagensicherungs- und Anlegerentschädigungsgesetz (EAEG). Dieses verwirklicht eine punktuelle Entschädigung von nichtinstitutionellen Anlegern durch Einmalzahlungen nach Marktwert (im Zuge der Finanzmarktkrise auf 50.000 € erhöht; bei Wertpapiergeschäften 20.000 €; maximal 90 %). Biometrische Risiken werden nicht berücksichtigt. **236**

---

[234] VO über die Übertragung von Aufgaben und Befugnissen eines Sicherungsfonds für die Lebensversicherung an die Protektor Lebensversicherungs-AG, BGBl. I 2006, 1170; VO über die Übertragung von Aufgaben und Befugnissen eines Sicherungsfonds für die Krankenversicherung an die Medicator AG, BGBl. I 2006, 1171; VO über die Finanzierung des Sicherungsfonds für die Lebensversicherer, BGBl. I 2006, 1172; VO zur Änderung der Sicherungsfondsfinanzierungs-VO, BGBl. I 2006, 2390.

ee) Finanzmarktstabilisierungsfondsgesetz

237 Die einzige relevante nationale Rechtsnormgruppe, die Banken und Versicherungen gleich behandelt, ist das als Teil des als Artikelgesetz ergangenen Finanzmarktstabilisierungsgesetzes (FMStG) erlassene Finanzmarktstabilisierungsfondsgesetz vom 17. Oktober 2008 (FMStFG).[235] Dieses sieht in der Tat als Anspruchsberechtigte gem. § 2 Abs. 1 FMStFG neben Anderen „Institute im Sinne des § 1 Abs. 1b Kreditwesengesetz" und „Versicherungsunternehmen" vor. In öffentlichen Äußerungen ist diese Gleichbehandlung gerade als Argument für eine Erweiterung des Kreises der Abgabepflichtigen gegenüber dem Eckpunktepapier des Bundesfinanzministeriums angeführt worden.[236]

238 Dieses Gesetz ist in einem außergewöhnlichen Gesetzgebungsverfahren als Ausdruck legislatorischen Krisenmanagements zustande gekommen.[237] Es kann nicht die gleiche legislatorische Sorgfalt wie normale Gesetze beanspruchen; Teile des Gesetzes werden sogar mit beachtlichen Argumenten für verfassungswidrig erachtet.[238] Zumindest kann ein einzelnes, eher okkasionell gehaltenes Gesetz die strukturellen Gesamtunterschiede zwischen der normativen Vorprägung der Bankenaufsicht einerseits und der Versicherungsaufsicht andererseits nicht überspielen.

239 Die Frage nach der normativen Vorprägung ist vielmehr ein (juristischer) Wertungsvorgang, der die einzelnen Elemente gewichtet und zueinander in Beziehung setzt. § 2 FMStFG ist in diesem Ensemble von Rechtsvorschriften die einzige nennenswerte, die in der Sache eine Gleichbehandlung von Banken und Versicherungen postuliert. Diese punktuelle Regelung hat nicht die normative Kraft, die aufgezeigten fundamentalen Unterschiede zwischen den beiden Sektoren mit Relevanz für eine homogene Gruppenbildung zu überspielen; andernfalls schlösse man von der Ausnahme auf die Regel.

ff) Unionsrecht und internationales Recht

240 Die grundsätzlich unterschiedliche Ausgestaltung von Aufsichtsverfahren und Aufsichtsmaßstäben, die für das nationale Recht analysiert wurde, setzt sich in den oftmals das Vorbild bildenden Normen des Unionsrecht und des internationalen Rechts fort.

241 > „Im Recht der Finanzmarktaufsicht kumulieren die beiden wichtigsten Bewegungen des Verwaltungsrechts, die Europäisierung und Internationalisierung auf der einen und die Öffnung des Staates hin zum regulierten Bereich auf der anderen Seite, in

---

[235] BGBl. I 2008, 1982.

[236] *Lenz*, Wirksame Regulierung statt Bankenabgabe, FAZ vom 08.04.2010.

[237] Vgl. zum Hintergrund und zur außergewöhnlichen Beschleunigung nur *Becker/Mock*, FMStG, 2009, Einleitung Rdnrn. 1 ff.; *Waldhoff*, Das Finanzmarktstabilisierungsgesetz in der föderalen Ordnung, in: Henneke (Hrsg.), Finanzmarktkrise und öffentliche Banken, im Erscheinen.

[238] *Brandner*, NVwZ 2009, 211 ff.; *Roitzsch/Wächter*, DZWIR 2009, 1 ff.

besonderem Maße. Das trägt dazu bei, dass das Finanzmarktrecht wie kaum ein anderes Rechtsgebiet durch internationale Normen geprägt ist […]"[239]

Da die neuere Rechtsprechung zur verfassungsrechtlichen Zulässigkeit von Sonderabgaben bei der Abgrenzung der mit der Abgabe belegten homogenen Gruppe zunehmend auch unionsrechtliche Vorprägungen in den Blick nimmt,[240] ist im Folgenden die unions- und auch die internationalrechtliche Prägung der Banken- und der Versicherungsaufsicht in den Blick zu nehmen.

Die normativen Vorprägungen des Versicherungs- und des Bankensektors gehen auf Ebene des Gemeinschaftsrechts wie der internationalen Koordination institutionell getrennte Wege. Dies geschieht zunächst durch unterschiedliche organisatorische Verklammerungen der Aufsichtsbehörden.[241] Hauptbeispiele in der Sache sind die internationale Standardsetzung im Bankenaufsichtsrecht durch **„Basel II"** sowie das Projekt **„Solvency II"** für die Versicherungswirtschaft. Eine oberflächliche Betrachtung könnte – ganz unabhängig von der Strukturähnlichkeit der schlagwortartigen Benennung – suggerieren, dass es in beiden Projekten um die internationale Koordination risikobasierter Aufsichtssysteme gehe, dass beide Projekte einer „Drei-Säulen-Struktur" folgten, dass beide von quantitativen zu qualitativen Risikosteuerungsmodellen ausgingen und dass es sich aus diesen Gründen um letztlich weitgehend austauschbare Parallelprojekte handle – mit der finanzverfassungsrechtlichen Folge, dass durch sie eine „homogene Gruppe" potenziell Sonderabgabenverpflichteter konstituiert werde. 242

Dieser erste Schein trügt jedoch.[242] „Basel II" ist der Versuch, vor dem Hintergrund zahlreicher Innovationen im Bankensektor für die **Bankenaufsicht** im Wege 243

---

239 *Röhl*, Finanzmartkaufsicht (Fn. 35), Rdnr. 106; ähnlich *Bumke*, Kapitalmarktregulierung (Fn. 230), S. 239; für einen – auf den Bank- und Kapitalmarktsektor begrenzten – Überblick auch *Sethe/Thieme*, Internationales Bank- und Finanzdienstleistungsrecht, in: Tietje (Hrsg.), Internationales Wirtschaftsrecht, 2009, § 13.

240 Zuletzt BVerfG, 2 BvR 852/07 vom 16.09.2009, NVwZ 2010, 35 Tz. 23; 2 BvR 1387/04 vom 24.11.2009, ZIP 2010, 168 Tz. 61 ff.

241 Einerseits – für Bankaufsicht – Committee of European Banking Supervisors (CEBS), errichtet durch Beschluss der Kommission 2004/5/EG vom 05.11.2003, ABl. 2004 Nr. L 3, 28, ersetzt durch Beschluss 2009/77/EG vom 23.01.2009, ABl. 2009 Nr. L 25, 23; andererseits – für Versicherungsaufsicht – Committee of European Insurance and Occupational Pensions Supervisors (CEIOPS), errichtet durch Beschluss der Kommission 2004/6/EG vom 05.11.2003, ABl. 2004 Nr. L 3, 30, ersetzt durch Beschluss 2009/79/EG vom 23.01.2009, ABl. 2009 Nr. L 25, 28.

242 Zum Folgenden etwa *Röhl*, Finanzmarktaufsicht (Fn. 35), Rdnr. 112 ff.; *Gesamtverband der Deutschen Versicherungswirtschaft e.V.*, Basel II versus Solvency II. Die Aufsichtsregelungen aus dem Bankensektor und der Versicherungswirtschaft im Verlgeich, o.J.; *Schubert/Grießmann*, Solvency II = Basel II + X, Versicherungswirtschaft 2004, S. 1399 ff.; *Eling/Schmeiser/Schmit*, The Solvency II Process: Overview und Critical Analysis, o.J.; *Swiss Reinsurance Company*, Solvency II: an integrated risk approach for European insurers, Sigma 4/2006.

internationaler, zunächst weitgehend informeller Koordination weltweite Standards für international tätige Banken zu schaffen. Entstehungsgeschichtlich wurden die Regeln durch die Arbeiten des Baseler Ausschusses für Bankenaufsicht bei der Bank für Internationalen Zahlungsausgleich (BIZ) mit dem Ziel einer weltweiten Standardisierung der Bankenaufsicht entwickelt. Im Juni 2004 wurden nach sechs Jahren Verhandlungen neue internationale Eigenmittelanforderungen für Banken – die „Basel II-Vorschriften" – publiziert und damit nach mehrmaliger Verschiebung unter Aussparung noch strittiger Details eine Rahmenvereinbarung zu diesen Fragen verabschiedet. Diese „Normen" waren mit dem Anspruch auf weltweite „Gültigkeit" für international tätige Großbanken erlassen worden. Als solche wären sie innerstaatlich nicht als Rechtsnormen im strengen Sinne geltend gewesen, konnten jedoch von Anfang an wegen ihrer starken faktischen Determination auf Befolgung setzen.[243] Erst im Anschluss daran hat die EU-Kommission diese Normen in das Unionsrecht mit Verbindlichkeit für alle Banken in der EU übernommen.

244 „Solvency II" ist demgegenüber von vornherein ein Projekt der EU gewesen. Die Kommission hatte sich seit 1999 der Reform der Versicherungsaufsicht angenommen, Mitte 2003 konnten Rahmenpunkte festgehalten werden. Zwar werden auch hier Risiken in „drei Säulen" eingeteilt, im Gegensatz zu Basel II setzt der in Solvency II verfolgte Ansatz jedoch nicht auf ausgewählte Einzelrisiken, sondern baut von vornherein auf der Gesamtsolvabilität des jeweiligen Unternehmens auf. Damit wird von Unionsrechts wegen Rücksicht auf die unterschiedlichen Risikoprofile von Banken einerseits, Versicherungen andererseits genommen. Als Teilrisiken der Aktivseite werden bei Basel II das Marktrisiko, das Kreditrisiko und das operative Risiko zur Bestimmung des Mindestkapitals in Säule I unabhängig voneinander ermittelt und daraus jeweils ein Risikokapital zur Abdeckung errechnet; zwar werden in Säule II weitere Risiken (Liquiditätsrisiko; Zinsänderungsrisiko) benannt, eine explizite Zusammenführung im Sinne eines Gesamtrisikomanagements erfolgt jedoch nicht, das Ausfallrisiko für das Gesamtunternehmen als solches wird nicht in den Blick genommen. Auch die Gestaltung der Bankprodukte wird durch diese Bestimmungen nicht beeinflusst. Demgegenüber verfolgt der integrierte Ansatz von Solvency II die ökonomische Ruinwahrscheinlichkeit des jeweiligen Gesamtunternehmens mit entsprechenden gravierenden Folgen der Aufsicht für das Unternehmen; es ist wahrscheinlich, dass auch die Ausgestaltung der Versicherungsprodukte durch diesen neuen aufsichtsrechtlichen Ansatz beeinflusst werden. Mit anderen Worten: Nicht nur die institutionelle Entstehung und der räumliche Anwendungsbereich, sondern vor allem die Reichweite und Zielrichtung von Basel II einerseits und Solvency II andererseits unterscheiden sich be-

[243] Grundsätzlich und theoretisch zu diesen Geltungsfragen *Möllers*, Transnationale Behördenkooperation, ZaöRV 65 (2005), S. 351 (358); ferner *van Aaken*, Transnationales Kooperationsrecht nationaler Aufsichtsbehörden, in: Möllers/Voßkuhle/Walter (Hrsg.), Internationales Verwaltungsrecht, 2007, S. 219 ff.; *dies.*, Democracy in Times of Transnational Administrative Law: The case of Financial Markets, in: Hardel et.al. (ed.), Perspectives and Limits of Democracy, 2008, S. 41 ff.

reits grundlegend im Ausgangspunkt, stellen ein aliud dar. In den unterschiedlichen aufsichtsrechtlichen Ansätzen spiegeln sich damit auch die unterschiedlichen Zielsetzungen der Aufsicht wider (siehe oben unter Rdnr. 219 ff.).

Auch im Übrigen normiert der europäische Gesetzgeber im Regelfall eigene Richtlinien zur Harmonisierung von Leistungen oder Bedingungen im Versicherungsbereich.[244] Auch das Aufsichtsrecht ist überwiegend europarechtlich vorgeprägt.[245] Europarechtliche Regelungen der ersten Generation, die mit der Rückversicherungsrichtlinie von 1964 begann, setzten zunächst dem freien Ermessen der mitgliedstaatlichen Behörden in Fragen der Zulassung EWG-ausländischer Versicherungen im Inland ein Ende.[246] In den 1970er Jahren traten gemeinschaftsrechtliche Regelungen hinzu, die die aufsichtsrechtlichen Grundlagen des Versicherungsgeschäfts betrafen, insbesondere die Zulassung, Rechtsform und Eigenkapitalausstattung. Ende der 1980er Jahre begann mit der Liberalisierung des sogenannten Großrisikengeschäfts die Vorbereitung der Herstellung des Versicherungsbinnenmarktes.[247] Auch im Bereich der Lebensversicherung erfolgte zu dieser Zeit der Einstieg in den Versicherungsbinnenmarkt.[248] Es folgten – als Richtlinien der dritten Generation – Regelungen zur vollständigen Herstellung des Versicherungsbinnenmarktes durch eine weitgehende Harmonisierung des Versicherungsaufsichtsrechts innerhalb der Mitgliedstaaten der Europäischen Union.[249] 245

d) Keine Homogenität bei Ausschluss der Leistungsberechtigung

Die Homogenität der Gruppe entfällt jedenfalls dann, wenn einzelne Abgabepflichtige nach der einfachgesetzlichen Ausgestaltung von vornherein nicht an- 246

---

244 Hierzu im Überblick *Schmidt/Präve*, in: Prölss, VAG, 12. Aufl. 2005, Vorbem. Rdnr. 28 ff.; *Mönnich*, in: Beckmann/Matusche-Beckmann (Hrsg.), Versicherungsrechts-Handbuch (Fn. 109), § 2.

245 Hierzu Fahr/Kaulbach/Bähr, VAG, 4. Aufl. 2007, Vor § 1 Rdnrn. 17 ff.; und *Müller*, Versicherungsbinnenmarkt, 1995.

246 Richtlinie des Rates vom 25.02.1964 zur Aufhebung der Beschränkungen der Niederlassungsfreiheit und des freien Dienstleistungsverkehrs auf dem Gebiet der Rückversicherung und Retrozession, ABl. Nr. 56 vom 04.04.1964 = VerBAV 1964, S. 105.

247 2. Richtlinie des Rates vom 22.06.1988 zur Koordinierung der Rechts- und Verwaltungsvorschriften für die Direktversicherung (mit Ausnahme der Lebensversicherung) und zur Erleichterung der tatsächlichen Ausübung des freien Dienstleistungsverkehrs sowie zur Änderung der Richtlinie 73/239/EWG (88/357/EWG), ABl. L 172 vom 04.07.1988, S. 1 ff.

248 2. Richtlinie des Rates vom 08.11.1990 zur Koordinierung der Rechts- und Verwaltungsvorschriften für die Direktversicherung (Lebensversicherung) und zur Erleichterung der tatsächlichen Ausübung des freien Dienstleistungsverkehrs sowie zur Änderung der Richtlinie 79/267/EWG (90/619/EWG), ABl. L 330 vom 29.11.1990, S. 50 ff.

249 S. im Einzelnen *Fahr/Kaulbach/Bähr*, VAG, 4. Aufl. 2007, Vor § 1 Rdnrn. 20 ff.; *Müller*, Versicherungsbinnenmarkt, 1995; und zuletzt die Richtlinie des Europäischen Parlaments und des Rates vom 25.11.2009 betr. die Aufnahme und Ausübung der Rückversicherungstätigkeit (Solvabilität II) 2009/138/EG, ABl. L 335.

spruchsberechtigt sind. Sie entfällt aber auch, wenn – trotz Anspruchsberechtigung – keine hinreichende faktische Wahrscheinlichkeit besteht, dass der einzelne Abgabenpflichtige den Fonds jemals in Anspruch nehmen wird. Andernfalls könnte der Sonderabgabengesetzgeber die Gruppe der Abgabenschuldner unter Verstoß gegen die Sonderabgabenrechtsprechung beliebig zuschneiden. Ist demnach eine Inanspruchnahme zwar nach der rechtlichen Ausgestaltung des Fonds möglich, erscheint aber gänzlich unwahrscheinlich, besteht insoweit keine homogene Gruppe.

247 Dass Versicherungen den SoFFin bisher nicht in Anspruch genommen haben und eine solche Inanspruchnahme auch kurzfristig nicht zu erwarten ist, bedeutet zwar nicht notwendigerweise, dass diese Möglichkeit für die Zukunft nicht besteht. Allerdings wurde bereits darauf hingewiesen, dass Versicherungen weitgehenden Beschränkungen spekulativer Geschäfte unterliegen und sich auch die Risikostrukturen zwischen Banken einerseits und Versicherungen andererseits qualitativ unterscheiden (siehe oben Rdnr. 213 ff.). Dies lässt die Notwendigkeit einer Inanspruchnahme des Fonds in ökonomischer Hinsicht unwahrscheinlich erscheinen. Auch das schließt die Homogenität einer Gruppe aus, in der Banken und Versicherungen gebündelt werden.

248 Aus den gleichen Gründen wäre aber auch die Einführung einer separaten Sonderabgabe auf alle Versicherungsunternehmen einschließlich der spezifisch auf die betriebliche und private Altersvorsorge ausgerichteten Finanzdienstleistungsunternehmen verfassungsrechtlich problematisch. Angesichts der Unterschiede zwischen klassischen Schadensversicherungen einerseits und kapitalisierenden Versicherungen (v.a. Lebens-, Renten- und Rückversicherungen) andererseits ist auch insoweit die Gruppenhomogenität zweifelhaft.

249 Etwas anderes könnte allenfalls für die Einführung und Erhebung separater Sonderabgaben für die einzelnen Gruppen von Versicherungsunternehmen gelten. Auch die verfassungsrechtliche Zulässigkeit einer spartenspezifischen Sonderabgabe hat indes zwei Voraussetzungen, die gedanklich streng voneinander zu unterscheiden sind: erstens die innere Gruppenhomogenität, zweitens die Unterscheidbarkeit der Gruppe von der Gesamtheit der Steuerpflichtigen.

250 Der ersten dieser beiden Anforderungen genügt der Gesetzgeber, wenn er die Bemessungsgrundlage an dem spezifischen Risiko ausrichtet, das bei typisierender, die bisherigen Erfahrungen und die vorhandenen öffentlichen und privaten Sicherungssysteme einbeziehender Betrachtung von der konkreten Gruppe ausgeht. Gelingt ihm dies, sind die Anforderungen an die innere Gruppenhomogenität ausreichend gewahrt.

251 Damit ist aber noch nicht die Abgrenzung der konkreten Gruppe von der Gesamtheit aller Steuerpflichtigen dargetan. Solange sich das systemische Risiko, das von der Gruppe ausgeht, nach der Wahrscheinlichkeit einer Insolvenz und der Schwere ihrer Folgen nicht signifikant von dem Risiko unterscheidet, dem die Gesamtheit der körperschaft- und gewerbesteuerpflichtigen Unternehmen unterliegt, fehlt es an der erforderlichen Gruppenhomogenität (oben Rdnrn. 190 f.). Die Einführung einer Sonderabgabe wäre dann verfassungswidrig.

An diesem Erfordernis muss die Einführung einer spartenspezifischen, gezielt auf einzelne Typen von Versicherungsunternehmen anzuwendenden Sonderabgabe scheitern. Wie gesehen (oben Rdnrn. 190 ff., 213 ff.), ist die passive Systemrelevanz von Versicherungsunternehmen nach allen bisherigen Erfahrungen in Deutschland nicht höher als die Systemrelevanz von Industrieunternehmen oder großen Dienstleistern außerhalb der Finanzwirtschaft. Insbesondere die für das Versicherungswesen spezifischen normativen Anlagebeschränkungen federn im Zusammenwirken mit den vorhandenen Sicherungssystemen die Auswirkungen von wirtschaftlichen Schwierigkeiten der Versicherungswirtschaft auf die Realwirtschaft in erheblichem Umfang ab (siehe oben Rdnr. 104 ff.). Vielmehr sprechen die hier vorgenommenen normativen Analysen sogar dafür, dass die Systemrelevanz signifikant geringer ist als bei Unternehmen der Realwirtschaft. Im Ergebnis muss daher auch die Einführung und Erhebung separater Sonderabgaben für einzelne Gruppen von Versicherungsunternehmen ausscheiden. 252

e) Bedeutung spartenübergreifend tätiger Unternehmen für die Homogenitätsfrage

Zu prüfen bleibt, ob sich durch spartenübergreifend tätige Unternehmen, d.h. Unternehmen, die sowohl Bank- als auch Versicherungs- und sonstige Finanzdienstleistungen anbieten, eine andere Bewertung der Homogenitätsfrage ergibt. Die spartenübergreifend tätigen Unternehmen werden technisch unter dem Sammelbegriff „Finanzkonglomerat“ erfasst, der in § 104k Nr. 4 VAG gesetzlich definiert ist; der aufsichtsrechtliche Rahmen für Finanzkonglomerate wird aufgrund der Richtlinie 2002/87/EG durch die §§ 104k ff. VAG gesetzt. Von diesen Unternehmen gibt es auf Europäischer Ebene derzeit 59,[250] davon 6 in Deutschland;[251] in der Zukunftsperspektive zeigt sich dabei allerdings eine rückläufige Tendenz. 253

Derzeit könnte angesichts dieses Befunds gleichwohl noch die Auffassung vertreten werden, dass die zuvor aufgezeigte kategoriale Unterscheidung zwischen Kreditinstituten, Versicherungen und anderen Finanzdienstleistungsunternehmen in der Rechtswirklichkeit verwischt ist oder zu verwischen droht. Das könnte die Homogenität der Gruppe der Kreditinstitute in Frage stellen und eine Ausweitung der Gruppe der abgabepflichtigen Unternehmen nahelegen oder sogar erfordern. 254

Unabhängig von dem Kriterium gesellschaftsrechtlicher und unternehmensorganisatorischer Trennung kann auch in einem solchen Finanzkonglomerat schon auf 255

[250] Dabei gehören auf Ebene der EU mit der Allianz SE, Axa und Generali drei der fünf größten Versicherungsgruppen zu den Finanzkonglomeraten.

[251] Allianz SE, DeBeKa VVaG, Deutsche Bank AG, DZ Bank, Inter Gruppe sowie Wüstenrot/Württembergische (Quelle: BaFin).

Produktebene faktisch exakt zwischen Finanzprodukten, die – ausschließlich oder unter anderem – Versicherungscharakter haben, und Finanzprodukten ohne diesen Charakter unterschieden werden.

256 Diese Trennung, die ökonomisch zunächst nur auf Produktebene besteht, wird durch das deutsche Aufsichtsrecht aufgegriffen, das prinzipiell auch das Finanzkonglomerat erfasst, es aber als Nebeneinander mehrerer kategorial unterschiedlicher Unternehmenskonzepte erfasst und jeden Unternehmensteil exakt einer der beiden klassischen Aufsichtsstränge (Bankaufsicht oder Versicherungsaufsicht) mit seinem je eigenen Regime unterwirft. Die Besonderheit der – europarechtlich angeleiteten – Konglomerataufsicht besteht lediglich darin, dass die Gruppe bzw. der Konzern einer zusätzlichen Aufsicht i.S.e. „Dachaufsicht" unterworfen wird. Durch diese Finanzkonglomerateaufsicht bleibt es also bei der rechtlichen Trennung von Kreditinstituten und Versicherern; nur ihre wirtschaftliche Verflechtung wird zusätzlich beaufsichtigt („Solo-Plus-Konzept").

257 Aus dieser Sonderform der Aufsicht folgt mithin keine Änderung der grundsätzlichen normativen Prägung der Gruppenbildung innerhalb des breiten, in sich höchst heterogenen Finanzdienstleistungssektors. Vielmehr ist die Existenz der „Solo-Plus-Aufsicht" ein Beleg für die Validität einer strikten Trennung zwischen Kreditinstituten einerseits und Versicherungsunternehmen andererseits.

258 Erst recht kann die Existenz rein passiver sog. „Portfolio-Beteiligungen", die Hingabe von Fremdkapital (z.B. durch Zeichnung von Pfandbriefen) oder ähnlicher passiver Investitionen in risikoreiche Kreditinstitute, nicht dazu führen, dass der Anteilseigner bzw. Investor – z.B. ein Versicherungsunternehmen – selber als systemrelevant und mithin als Teil der homogenen Gruppe potenziell krisenanfälliger Unternehmen eingeordnet wird. Gerade in der Rückschau lässt sich eindrucksvoll zeigen, dass die Existenz von Investments einzelner Versicherer in krisengeplagten Banken keine Vernetzung im systematischen Sinne begründet hat; es konnte insbesondere nicht zu einem spezifischen Domino-Effekt kommen. Vielmehr standen die Versicherungsunternehmen insoweit in einer homogenen Reihe mit zahlreichen anderen Unternehmen und sonstigen Körperschaften des privaten und des öffentlichen Rechts, die in die betroffenen Banken investiert hatten (vgl. auch oben Rdnr. 206).

259 Aus alldem folgt erstens, dass die Existenz spartenübergreifend tätiger Unternehmen nichts daran ändert, dass Banken einerseits und Versicherungen andererseits keine homogene Gruppe bilden. Aus den Überlegungen ergibt sich zweitens aber auch eine Antwort auf die Frage, inwiefern der Gesetzgeber bei der Ausgestaltung des persönlichen Anwendungsbereichs einer Sonderabgabe in den Fällen, in denen Finanzkonglomerate von dieser Abgabe betroffen sein können, eine „Tutti-Anknüpfung" oder eine „Solo-Anknüpfung" vorzunehmen hat (oben Rdnr. 15 ff.): Allein die „Solo-Anknüpfung" bietet die erforderliche Zielgenauigkeit im Hinblick auf die Identifikation abgabepflichtiger Unternehmen und die Heranziehung der passenden Regelungen zur Bestimmung der Bemessungsgrundlage. Angesichts des generellen Rechtfertigungserfordernisses für die Einführung nichtsteuerlicher Abgaben (oben Rdnr. 136 ff.) finden diese zunächst eher gesetzgebungspraktischen Vorteile Eingang in die verfassungsrechtliche Maßstabbildung (oben Rdnr. 157 ff.).

Von Verfassungs wegen kommt daher nur eine Abgabe in Betracht, deren persönlicher Tatbestand nicht auf einen Konzern in toto oder die Konzernholdinggesellschaft abzielt, sondern auf der Ebene der einzelnen Gesellschaft ansetzt. Die Solo-Anknüpfung befreit den Gesetzgeber aber nicht von der Verpflichtung, wirtschaftlich und/oder zivilrechtlich begründete Verstrebungen zwischen den Einzelgesellschaften zu berücksichtigen, soweit sie Bedeutung für die Tatbestandsmäßigkeit einer möglichen Abgabe haben könnten; dies gilt namentlich für die Identifikation systemischer Risiken nach Grund und Höhe (Einzelheiten: oben Rdnr. 17). 260

f) Zwischenergebnis

Zwischen dem Bankensektor einerseits und allen anderen Sektoren der Finanzdienstleistungsbranche andererseits bestehen eminente wirtschaftliche und regulatorische Unterschiede. Sie ergeben sich vor allem aus fundamentalen Differenzen bei Art und Ausgestaltung der Sicherungssysteme im geltenden deutschen und europäischen Recht. Während Kreditinstitute strengen Eigenkapitalbeschränkungen, einer besonderen Einlagensicherung und/oder einer Institutssicherung unterliegen, konzentrieren sich die auf Versicherungsunternehmen anwendbaren Sicherungsinstrumente auf Anlagebeschränkungen und die Einrichtung spartenspezifischer Sicherungsfonds, die im Krisenfall in die Versicherungsverträge eintreten und deren Erfüllung ermöglichen. 261

Angesichts dieser Unterschiede kann der Gesetzgeber die geplante Abgabe nicht ohne Verstoß gegen die bisherige Sonderabgaben-Rechtsprechung des Bundesverfassungsgerichts unterschiedslos den Unternehmen aller dieser Sektoren auferlegen.

Aus ökonomischer Sicht müssen jedenfalls diejenigen Versicherungen ausgeklammert werden, die auch aus einer ex-ante-Betrachtung nicht systemrelevant sind. Dazu zählen namentlich Versicherungsunternehmen, deren Geschäftsmodell ausschließlich oder ganz überwiegend auf einer Umlage basiert (Sachversicherungen, namentlich Schadensversicherungen, ferner der gesamte Bereich der Unfallversicherungen und weite Teile der Krankenversicherungen). Kapitalisierende Versicherungen (Lebens- und Rentenversicherungen sowie die auf Altersrückstellungen abzielenden Teile der Krankenversicherungen) weisen zwar gegenüber den umlagebasierten Versicherungen ein leicht erhöhtes Risiko auf, das indes weit hinter dem typischerweise mit dem Bankgeschäft verbundenen Risiko zurückbleibt. Daher begegnet ihre Einbeziehung in eine allgemeine Sonderabgabe auf Finanzdienstleistungsunternehmen erheblichen finanzverfassungsrechtlichen Bedenken.

Noch deutlicher zeigt sich die Verfassungswidrigkeit einer einheitlichen Sonderabgabe auf sämtliche Finanzdienstleistungsunternehmen, wenn man zusätzlich zu den ökonomischen Besonderheiten die normative Vorprägung des Versicherungssektors – in Abgrenzung zum Kreditwesen und dem Kreditaufsichtsrecht – in den Blick nimmt. In dieser Perspektive erscheint der Versicherungsmarkt als eigenständiges, in sich weitgehend homogenes Segment, das deutlich gegen das Kreditwesen abgegrenzt ist und einem gänzlich anderen Aufsichtsregime untersteht. Wegen ihrer eigenständigen normativen Vorprägung sind Versicherungsunternehmen daher allenfalls in sich eine homogene Gruppe, können aber von Verfassungs wegen nicht als Teil einer homogenen Gruppe „Finanzdienstleistungsunternehmen" angesehen werden.

3. Besondere Finanzierungsverantwortung

262 In der Leitentscheidung zur Ausbildungsplatzförderungsabgabe aus dem Jahr 1980 umschreibt das Gericht die homogene Gruppe wie folgt:

263 „Die Erhebung einer Sonderabgabe setzt eine spezifische Beziehung zwischen dem Kreis der Abgabepflichtigen und dem mit der Abgabenerhebung verfolgten Zweck voraus [...]. Die mit der Abgabe belastete Gruppe muss dem mit der Abgabenerhebung verfolgten Zweck evident näher stehen als jede andere Gruppe oder die Allgemeinheit der Steuerzahler; andernfalls wäre die Sonderbelastung der durch die Abgabe in Anspruch genommenen Gruppe schon mit dem allgemeinen Gleichheitsgrundsatz nicht zu vereinbaren. Aus dieser zu fordernden *Sachnähe* der Abgabepflichtigen zum Abgabezweck muss eine besondere Gruppenverantwortung für die Erfüllung der mit der außersteuerlichen Abgabe zu finanzierenden Aufgabe entspringen. Die Aufgabe, die mit Hilfe des Abgabeaufkommens erfüllt werden soll, muss demnach ganz überwiegend in die Sachverantwortung der belasteten Gruppe, nicht in die der staatlichen Gesamtverantwortung fallen. Andernfalls würde es sich bei der Verfolgung des Zwecks um eine öffentliche Angelegenheit handeln, deren Lasten nur die Allgemeinheit treffen dürfen und die deshalb nur mit von der Allgemeinheit zu erbringenden Mitteln, das heißt im wesentlichen mit Steuermitteln finanziert werden darf [...]. Angesichts der Bedeutsamkeit der ‚Sachnähe' für die Zulässigkeit der Erhebung einer Sonderabgabe darf [...] die ‚Sachnähe' nicht als formales und damit ‚machbares' Kriterium aufgefasst werden; es wäre dem Gesetzgeber sonst ohne weiteres möglich, die finanzverfassungsrechtlichen Grundentscheidungen des Grundgesetzes zu unterlaufen [...]. Der Begriff der ‚Sachnähe' ist daher nach materiell-inhaltlichen Kriterien zu bestimmen, die sich einer gezielten Normierung des Gesetzgebers aus Anlass der Einführung der Abgabe entziehen. Ob eine bestimmte Gruppe eine ‚besondere Sachnähe' zu einer bestimmten Aufgabe aufweist, ist mithin unter Anknüpfung an vorgegebene Strukturen der Lebenswirklichkeit bei Berücksichtigung der Rechts- und Sozialordnung zu bestimmen."[252]

[252] BVerfGE 55, 274 (306 f.), Hervorhebung im Original.

Die Bedeutung dieses weiteren Kriteriums neben der Anforderung, dass nur eine durch die Rechts- oder Sozialordnung bereits vor der Sonderabgabe klar abgrenzbare homogene Gruppe als abgabenpflichtig in Anspruch genommen werden darf, ist unklar.[253] So verwundert es auch nicht, dass die neuere Sonderabgabenjudikatur von einem „Ensemble […] der speziellen Anforderungen an die Zulässigkeit einer Sonderabgabe mit Finanzierungszweck"[254] spricht und damit die Trennschärfe zwischen den Anforderungen „homogene Gruppe", „spezifische Sachnähe der Gruppe zum Finanzierungszweck" und „gruppennützige Verwendung des Abgabeaufkommens" implizit relativiert. **264**

Besondere Gruppenverantwortung bedeutet vor diesem Hintergrund, dass es sich um keine öffentliche Angelegenheit handelt, deren Lasten nur die Allgemeinheit treffen dürfen und daher im Wesentlichen mit Steuermitteln finanziert werden müssen. Es ist eine spezifische Sachnähe der Abgabepflichtigen zu dem mit der Abgabeerhebung verfolgten Zweck erforderlich. Die Lastengleichheit setzt voraus, dass der Gesetzgeber diese Sachnähe real oder normativ vorfindet; es genügt nicht, wenn er die Sachnähe erst durch die Sonderabgabe herstellt.[255] Vielfach werden sowohl Allgemein- als auch Gruppeninteressen einander überlagern: Die Gruppennützigkeit muss das Allgemeininteresse an der Maßnahme in diesen Fällen eindeutig überwiegen.[256] **265**

Die geplante Sonderabgabe lässt sich möglicherweise als sogenannte Verursacherabgabe einordnen, bei der die Gruppenverantwortlichkeit für den Finanzierungszweck daraus abgeleitet werden kann, dass der Abgabenschuldner die Kosten staatlicher Maßnahmen verursacht habe. Er soll typisierend mit Kosten belastet werden, die durch seine Handlungen hervorgerufen, aber von der Allgemeinheit getragen werden.[257] Derartige Verursacherabgaben finden sich bislang vor allem in umweltpolitischen Zusammenhängen.[258] Erforderlich ist in diesem Zusammenhang eine Finanzierungsverantwortlichkeit aus vorangegangenem Tun, das die Kosten unmittelbar verursacht hat.[259] **266**

---

[253] Kritische Zusammenfassung: *Hummel*, Das Merkmal der Finanzierungsverantwortung in der Sonderabgaben-Rechtsprechung des Bundesverfassungsgerichts, in: DVBl. 2009, 874 ff.

[254] Etwa BVerfGE 122, 316 (335).

[255] *Kirchhof*, Nichtsteuerliche Abgaben, in: Isensee/Kirchhof (Hrsg.), Handbuch des Staatsrechts der Bundesrepublik Deutschland, Bd. 5, 3. Aufl. 2007, § 119 Rdnr. 81.

[256] *Kirchhof*, Nichtsteuerliche Abgaben (Fn. 255), Rdnr. 83.

[257] *Kirchhof*, Nichtsteuerliche Abgaben (Fn. 255), Rdnr. 99.

[258] Z.B. Ausgleichsabgabe zur Altölbeseitigung (§ 4 AltölG [aufgehoben]); Abwasserabgabe (AbwAG); BVerfGE 98, 106 – kommunale Verpackungsteuer.

[259] *Kirchhof*, Nichtsteuerliche Abgaben (Fn. 225), Rdnr. 101.

267 **Retrospektiv** lässt sich eine solche konkrete Finanzierungsverantwortung wohl für in hohem Maße spekulativ tätige Banken begründen, deren Verhalten maßgeblich dazu beigetragen hat, dass der Staat sich veranlasst sah, Rettungsmaßnahmen zu treffen. Ob Banken mit einem vergleichsweise niedrigen Anteil an allgemein als krisenverursachend angesehenen Geschäften ebenso verantwortlich sind, obliegt der Einschätzung des Gesetzgebers. Bei Versicherungen, die Risiken aus Investmentgeschäften in erheblichem Umfang per legem gar nicht tätigen dürfen, erscheint dies jedoch sehr zweifelhaft.

268 Verfolgt der Gesetzgeber dagegen prospektiv-präventiv das Ziel, Einnahmen zu erzielen, um Rettungsmaßnahmen **in der Zukunft** zu finanzieren, und sieht man auch dann die Abgabe als Verursacherabgabe, bedarf es einer Prognoseentscheidung (vgl. oben Rdnrn. 201, 202), welche Unternehmen als potentielle Verursacher einer Krise und somit als Abgabenschuldner zur Finanzierung staatlicher Maßnahmen in Betracht kommen.

269 Sieht man eine zukunftsgerichtete Abgabe hingegen als reine Sonderabgabe mit Finanzierungszweck, dient sie der finanziellen Absicherung der Risiken, die gerade auf die Tätigkeit der Institute in einem risikoempfindlichen Markt zurückzuführen sind und die Institute zu einer Risikogemeinschaft werden lassen.[260] Sie rechtfertigt sich insoweit durch die Verantwortlichkeit für die Folgen gruppenspezifischer Verhaltensweisen – also dem Tätigen von Finanzgeschäften, die nicht nur das einzelne Unternehmen, sondern in besonderem Maße den Markt insgesamt betreffen.[261] Dass hiermit zugleich das Interesse der Allgemeinheit an einer funktionsfähigen Gesamtwirtschaft geschützt wird, berührt die Gruppenverantwortung nicht. Ein öffentliches Interesse an der Aufgabenerfüllung setzt die spezifische Finanzierungsverantwortung besonderer Gruppen voraus, beseitigt sie aber nicht.[262]

270 Diese Argumentation des Bundesverfassungsgerichts war jedoch ausschließlich auf Kreditinstitute und Wertpapierhandelsunternehmen bezogen. Unabhängig von der bereits getroffenen Feststellung, dass Banken und Versicherungen keine homogene Gruppe darstellen (siehe oben Rdnr. 262), stellt sich nunmehr auch im Rahmen der besonderen Finanzierungsverantwortung die Frage, inwieweit Versicherungen einem ebenso risikoempfindlichen Markt zugehören wie die Banken, ob sie mithin Teil der beschriebenen Risikogemeinschaft sind. In Anbetracht der normativen Vorprägung (siehe oben Rdnr. 213 ff.) wird diese Frage zu verneinen sein; jedenfalls tragen die Versicherungen auch bei typisierender Betrachtung keine in ihrem Umfang mit den Banken vergleichbare, d.h. einheitliche Finanzierungsverantwortung. Mit anderen Worten: Die Finanzierungsverantwortung entspricht

---

[260] BVerfG, Beschl. v. 24.11.2009, 2 BvR 1387/04, Rn. 65; BVerwGE 120, 311 (323).

[261] Vgl. BVerfG, 2 BvR 852/07 vom 16.09.2010, NVwZ 2010, 35, Tz. 24; BVerfG, 2 BvR 1387/04 vom 24.11.2009, ZIP 2010, 168, Tz. 65 ff.

[262] BVerfG, 2 BvR 852/07 vom 16.09.2009, NVwZ 2010, 35, Tz. 26.

hier der Gruppenbildung: Banken und Versicherungen entsprechen aufgrund der realen Wirtschaftsentwicklung wie der normativen Vorprägungen zwei jeweils homogenen Gruppen, die aufgrund der kategorial anderen Risikostrukturen nicht durch den Sonderabgabengesetzgeber zu einer Gruppe zusammengefasst werden können. Entsprechend ergibt sich auch keine einheitliche Finanzierungsverantwortung.

4. Gruppennützigkeit der Mittelverwendung

a) Operative Verwendung

In der Ausbildungsplatzförderungsentscheidung von 1980 wurde als weitere Voraussetzung die gruppennützige Verwendung des Abgabeaufkommens postuliert: **271**

> „Die außersteuerliche Belastung von Angehörigen einer Gruppe setzt voraus, dass zwischen den Belastungen und den Begünstigungen, die die Sonderabgabe bewirkt, eine sachgerechte Verknüpfung besteht. Das ist der Fall, wenn das Abgabeaufkommen im Interesse der Gruppe der Abgabepflichtigen, also ‚gruppennützig' verwendet wird […]. ‚Fremdnützige' Sonderabgaben sind – soweit ihnen nicht schon Bedenken aus den Grundrechten, insbesondere aus Art. 14 GG, entgegenstehen – unzulässig, es sei denn, dass die Natur der Sache eine finanzielle Inanspruchnahme der Abgabepflichtigen zugunsten fremder Begünstigter aus triftigen Gründen eindeutig rechtfertigt […]. ‚Gruppennützige' Verwendung der Abgabe besagt allerdings nicht, dass das Abgabeaufkommen im spezifischen Interesse jedes einzelnen Abgabepflichtigen zu verwenden ist; es genügt, wenn es überwiegend im Interesse der Gesamtgruppe verwendet wird."[263]

Nach der Rechtsprechung des Bundesverfassungsgerichts bedeuten mithin die besondere Sachnähe der belasteten Unternehmen zum Finanzierungszweck und die korrespondierende Finanzierungsverantwortung, dass die zweckentsprechende Verwendung des Abgabenaufkommens zugleich gruppennützig wirkt.[264] **272**

Eine Sonderabgabe ist danach nur dann zulässig, wenn das Abgabenaufkommen vollständig im Interesse der *Gruppe* der Abgabepflichtigen verwendet wird. Dieses Gebot ist bei einem Zufluss in den SoFFin oder in ein anderes Sondervermögen durch entsprechende Ausgestaltung realisierbar. Eine Einstellung in die allgemeinen Haushalte des Bundes oder der Länder scheidet grundsätzlich aus; etwas anderes kann allenfalls dann gelten, wenn nach dem Grundsatz des „angestrichenen Geldes" haushaltsrechtliche Vorkehrungen dafür getroffen werden, dass das Aufkommen – in Abweichung von dem allgemeinen Non-Affektationsprinzip – ausschließlich gruppennützig verwendet wird. Nicht von der Sonderabgabenrechtsprechung erfasst wäre demgegenüber die Verwendung des Aufkommens zur Ausstattung eines privatrechtlich verfassten Vermögens, z.B. eines privaten Rettungsfonds. **273**

---

[263] BVerfGE 55, 274 (307 f.).

[264] BVerfG, 2 BvR 852/07 vom 16.09.2009, NVwZ 2010, 35, Tz. 27.

274 Dabei muss jeder Einzahler zugleich potentieller Nutznießer des Fonds sein, im Regelfall also zumindest diesem gegenüber anspruchsberechtigt sein. Nach der hier vertretenen Ansicht wäre diese gruppennützige Verwendung allerdings bei einer Banken und Versicherungen übergreifenden Abgabe nicht mehr gegeben, auch wenn – theoretisch / normativ – zwar auch Versicherungen potenziell anspruchsberechtigt, de facto jedoch nicht betroffen wären.

b) Höchstbetrag

275 Das Volumen des Gesamtaufkommens aus der Sonderabgabe darf den Betrag nicht überschreiten, der zur Bewältigung der von den Gruppenunternehmen ausgehenden systemischen Risiken erforderlich ist. Bei der Bemessung dieses Höchstbetrags kommt dem Gesetzgeber ein weiter Gestaltungsspielraum zu. Zulässig ist insbesondere die Einbeziehung eines angemessenen Sicherheitszuschlags. Dazu kann der Fonds entweder die zeitlich zuerst gezahlten Beiträge erstatten, die Sonderabgabe aber laufend weiter erheben oder auf eine Erstattung verzichten, dafür aber die weitere Erhebung der Sonderabgabe aussetzen.

276 Die Ermittlung des Höchstbetrags kann über die Zeit dynamisiert werden. Wenn sich der Gesetzgeber bei der Bemessung des Höchstbetrags an dem aggregierten Gesamtrisiko orientiert, das durch das Sondervermögen gedeckt werden soll, muss er Vorkehrungen dafür treffen, dass bei einem Rückgang des Risikos auch der Höchstbetrag abgesenkt wird.

c) Vermögensbindung

277 Das Erfordernis gruppennütziger Mittelverwendung wird verfehlt, wenn das Abgabenaufkommen – ganz oder teilweise – in den allgemeinen Haushalt des Bundes oder eines Landes abgeführt wird. Das gilt auch für etwaige Überschüsse, die der Fonds aus den Mitteln der Sonderabgabe erzielt. Sie sind daher, sofern eine gruppennützige Verwendung der Mittel nicht mehr erfolgt oder der Fonds aufgelöst wird, den Abgabenschuldnern zu erstatten.

5. Verhältnismäßigkeitsgrundsatz

278 Der Grundsatz der Verhältnismäßigkeit erweist sich als zentrale Schranken-Schranke im Bereich der Grundrechtsprüfung (dazu unter Rdnr. 312 ff.). Als allgemeines rechtsstaatliches Prinzip[265] kann er auch im Rahmen der Prüfung objektiv-rechtlichen Finanzverfassungsrechts thematisiert werden. Jenseits einer freiheitsrechtlichen Abwägung bleibt hier jedoch der Sache nach nur zu untersuchen, ob die geplante Abgabe nicht schlicht ungeeignet ist, den mit ihr intendierten Zweck auch zu erfüllen.

---

[265] Vgl. statt aller nur *Stern*, Das Staatsrecht der Bundesrepublik Deutschland, Bd. 1, 2. Aufl. 1984, S. 861 ff.

a) Eignung

Gestaltet der Gesetzgeber die Sonderabgabe im Hinblick auf zukünftige Krisen prospektiv-präventiv aus, kommen verschiedene Sachzwecke in Betracht (vgl. bereits oben unter Rdnr. 5 ff.). **279**

Soll die Sonderabgabe dazu dienen, zukünftige Krisen zu verhindern, stellt sich die Frage, ob sie geeignet ist, diesen – zweifellos legitimen – Zweck zumindest zu fördern. Soweit absehbar, sieht die Sonderabgabe eine Geldleistungspflicht ohne unmittelbare (primäre) Lenkungsfunktion vor. Das allgemein als krisenverursachend angesehene Geschäftsgebaren bestimmter Akteure in der Finanzbranche wird hierdurch nicht unmittelbar beeinflusst. Möglicherweise hätte die Abgabe gar einen umgekehrten Effekt als eine präventiv-abschreckende Funktion: Im Bewusstsein, dass der Staat mittels der Sonderabgabe einen Fonds unterhält, der im Krisenfall einspringen würde, könnten Teile der Finanzbranche risikoreichen Geschäften weniger abgeneigt sein, als ohne einen durch die Sonderabgabe mitfinanzierten Fonds.[266] Im Übrigen ist zweifelhaft, ob eine Sonderabgabe mit einem vorgesehenen Aufkommen im einstelligen Milliardenbereich überhaupt geeignet ist, den Zweck zu fördern, soweit bereits die gesetzlichen oder autonom geschaffenen Einlagensicherungssysteme einen Schutz gewähren, über den die Sonderabgabe nicht hinausgeht. **280**

Allerdings ist zu berücksichtigen, dass der aus Mitteln der Sonderabgabe finanzierte Fonds frühzeitig stützend eingreifen könnte, um Zweitrundeneffekte (siehe oben Rdnr. 30) im Falle der Insolvenz eines Finanzunternehmens zu unterbinden. Die bestehenden Sicherungssysteme werden, wenn auch in vergleichsweise geringem Umfang, durch den mittels der Sonderabgabe finanzierten Fonds verstärkt oder zumindest unterstützt, was den Zweck, eine zukünftige Krise zu verhindern, zumindest fördert. Auch allgemeine marktpsychologische Effekte, etwa die Stärkung des Vertrauens in den Finanzmarkt, können krisenverhindernd wirken. Vor dem Hintergrund, dass dem parlamentarischen Gesetzgeber hinsichtlich der Zweckförderung eine Einschätzungsprärogative zuzugestehen ist, ist daher davon auszugehen, dass die Einführung einer Sonderabgabe geeignet wäre, den beabsichtigten Zweck zu fördern. **281**

Angesichts der umfangreichen bereits bestehenden Sicherungssysteme einerseits sowie der zur Bewältigung der Finanzkrise 2008 erforderlichen Beträge andererseits mag zweifelhaft sein, ob der Umfang der durch die Sonderabgabe erhobenen Mittel ausreichend ist, eine zukünftige Krise zu bewältigen.[267] Zur alleinigen Finanzierung möglicher zukünftiger Bankenrettungen müsste das Sondervermögen eine Größe aufweisen, aufgrund derer man Schäden vermeiden kann, die mit den bereits bestehenden Systemen nicht vermieden werden können. Erforderlich ist **282**

[266] *Frühauf*, Zweifelhafte Abgabe in: FAZ v. 14.04.2010, S. 11.

[267] *Frühauf*, Zweifelhafte Abgabe in: FAZ v. 14.04.2010, S. 11.

jedoch nicht, dass die Sonderabgabe den mit ihr verfolgten Zweck in Gänze erreicht; vielmehr genügt, dass der Zweck zumindest gefördert wird. Der Umfang der erhobenen Mittel kann – vor allem durch Akkumulation über mehrere Jahre hinweg – genügen, um einzelne Finanzdienstleistungsunternehmen zu stützen. Auch wenn über die durch die Sonderabgabe generierten Mittel hinaus Haushaltsmittel erforderlich sein sollten, würde die durch die Sonderabgabe bezweckte Finanzierung einer zukünftigen Krise zumindest gefördert.

283 Gestaltet der Gesetzgeber die Sonderabgabe zumindest auch retrospektiv aus, will er also die Finanzdienstleistungsunternehmen an den Kosten für die Bewältigung der Finanzkrise 2008 beteiligen, so stellt die Sonderabgabe diesbezüglich ein grundsätzlich geeignetes Mittel dar.

b) Erforderlichkeit und Angemessenheit

284 Unabhängig von den grundrechtlichen Restriktionen, denen die Einführung und Erhebung einer Sonderabgabe unterliegt, hat der Gesetzgeber die rechtstaatliche Verhältnismäßigkeit zu wahren. Die Abgabe muss daher – zusätzlich zur Legitimität ihrer Zwecke (oben Rdnr. 175 ff.) – das Maß dessen wahren, was nach Einschätzung des Gesetzgebers zur Förderung dieser Zwecke erforderlich ist. Die Zwecke dürfen ferner nicht offensichtlich hinter den Beeinträchtigungen zurückbleiben, die die Einführung einer neuen Sonderabgabe in finanzverfassungsrechtlicher, insbesondere kompetenzieller Hinsicht bedeutet. In der Sache weisen diese beiden Prüfungen aber starke Bezüge zur grundrechtlichen Verhältnismäßigkeitsprüfung auf, auf die noch zurückzukommen ist (unten Rdnr. 323 ff.).

285

6. Zwischenergebnis

Die Kriterien der spezifischen Finanzierungsverantwortung der Gruppe sowie der gruppennützigen Verwendung des Abgabeaufkommens stehen und fallen mit dem Vorhandensein einer homogenen Gruppe der Abgabepflichtigen. Daher kann für die untersuchten Fallkonstellationen auch aus diesen Gründen eine Banken und Versicherungen umfassende Sonderabgabe nicht verfassungskonform sein.

Demgegenüber wird man der Sonderabgabe die grundsätzliche Geeignetheit als Teilelement einer Verhältnismäßigkeitsprüfung der Abgabe weder in ihrer präventiven, noch in ihrer retrospektiven Ausrichtung absprechen können.

V. Formelle Vorgaben

1. Überprüfungs- und Dokumentationspflichten

286 Die Sonderabgabenjudikatur des Bundesverfassungsgerichts war von Anfang an dadurch gekennzeichnet, dass dem Gesetzgeber eine Überprüfungspflicht in der

Zeit aufgegeben wurde. Bereits in der Leitentscheidung zur Ausbildungsplatzförderungsabgabe aus dem Jahr 1980 heißt es:

> „Der Gesetzgeber ist bei einer auf längere Zeit angelegten Finanzierung einer in die spezifische Verantwortung einer Gruppe fallenden Aufgabe durch Erhebung einer Sonderabgabe von Verfassungs wegen gehalten, stets zu überprüfen, ob seine ursprüngliche Entscheidung für den Einsatz des gesetzgeberischen Mittels ‚Sonderabgabe' aufrechtzuerhalten oder ob sie wegen veränderter Umstände, insbesondere wegen Wegfalls des Finanzierungszwecks oder Zielerreichung zu ändern oder aufzuheben ist […]. Denn die Sonderabgabe bedarf – im Gegensatz zur Steuer – als Ausnahmeinstrument der fortdauernden Legitimation durch hinreichende Rechtfertigungsgründe."[268] **287**

Diese periodische Überprüfungspflicht wurde in der Folgejudikatur stets beibehalten.[269]

Der die Sonderabgabe einführende Gesetzgeber ist damit zugleich verpflichtet, Mechanismen zur kontinuierlichen Überprüfung der Notwendigkeit der Abgabe zu regeln. **288**

Darüber hinaus sind seit einer Rechtsprechungsergänzung 2003 Sonderabgaben, die in Nebenhaushalte („Fonds") fließen, haushaltsrechtlich vollständig zu dokumentieren.[270] **289**

2. Zuständigkeit

Die Zuständigkeit für die periodische Überprüfung liegt beim parlamentarischen Gesetzgeber. Im Interesse einer wirksamen parlamentarisch-demokratischen Legitimation muss er die erhobenen Sonderabgaben haushaltsrechtlich vollständig dokumentieren[271] und ihre sachliche Rechtfertigung in angemessenen Zeitabständen überprüfen. **290**

Danach genügt eine Kontrolle der Sonderabgabe, ihrer Erhebung und fortdauernden Rechtmäßigkeit allein durch die Finanzmarktstabilisierungsanstalt den Anforderungen des Grundgesetzes ebenso wenig wie eine Kontrolle allein durch das Bundesministerium der Finanzen. **291**

---

268 BVerfGE 55, 274 (308).

269 BVerfGE 82, 159 (178 f.); 91, 186 (201 f.); 108, 186 (218): „Die Bindung zulässiger Sonderabgaben an einen besonderen Sachzweck hat die Rechtsprechung durch Prüfungs- und Anpassungspflichten des Gesetzgebers verstärkt: …"; 110, 370 (392); BVerfG, 2 BvR 1387/04 vom 24.11.2009, ZIP 2010, 168, Tz. 57.

270 BVerfGE 108, 186 (218 ff.); BVerfG, 2 BvR 1387/04 vom 24.11.2009, ZIP 2010, 168, Tz. 57.

271 BVerfGE 108, 186, 218 f.; BVerfG, Beschl. v. 24.11.2009, 2 BvR 1387/04, Rn. 57.

292 Die Aufnahme derartiger Kontrollklauseln in das Gesetz zur Einführung der Sonderabgabe ist zwar unschädlich. Sie entbindet den Gesetzgeber aber nicht von der fortlaufenden, i.d.R. jährlichen Überprüfung dieses Gesetzes und seines Vollzugs am Maßstab der finanzverfassungsrechtlichen und grundrechtlichen Vorgaben des Grundgesetzes.

VI. Kompatibilität der dargelegten fehlenden Gruppenhomogenität zwischen Kreditinstituten und Versicherungsunternehmen mit der jüngeren Rechtsprechung des Bundesverfassungsgerichts zu Abgaben im Umfeld des Finanzmarkts

293 Die bislang angestellten Überlegungen zeigen deutlich, dass die verfassungsrechtliche Zulässigkeit einer Sonderabgabe mit krisenpräventiver Funktion vor allem mit der Homogenität der Gruppe der Abgabepflichtigen steht und fällt. Bei der Konkretisierung der Anforderungen, die von Verfassungs wegen an die Homogenität der Gruppe zu stellen sind, sind die beiden jüngsten Sonderabgaben-Judikate des Bundesverfassungsgerichts aus dem Jahr 2009 auch deshalb von besonderer Bedeutung, weil sie sich jeweils auf Sonderabgaben im Bereich der Finanzmarktregulierung im weiteren Sinne beziehen. Daher sollen diese Entscheidungen – im Sinne einer Gegenprobe – mit der hier zur Diskussion gestellten Sonderabgabe noch einmal verglichen werden, nachdem oben bereits ausführlich die fehlende Gruppenhomogenität als unverzichtbare Voraussetzung, um Kreditinstitute und Versicherungen gemeinsam zu einer Sonderabgabe heranzuziehen, festgestellt worden war (Rdnrn. 213 ff.). Dabei wird sich erneut zeigen, dass die Annahme einer hinreichenden Gruppenhomogenität zwischen einer aus Kreditinstituten und Versicherern normativ gebildeten Gruppe der Sonderabgabenpflichtigen nicht den Anforderungen der Rechtsprechung des Bundesverfassungsgerichts entsprechen würde, mithin zur Verfassungswidrigkeit führte. Die bereits oben herausgearbeitet fehlende Gruppenhomogenität führt auch dann zu eindeutigen Ergebnissen, wenn man sie mit den beiden Verfassungsgerichtsentscheidungen aus dem Jahr 2009 in Beziehung setzt.

1. Beschluss 2 BvR 852/07 vom 16. September 2009 – BaFin-Umlage

294 Der Beschluss des Zweiten Senats des Bundesverfassungsgerichts vom 16. September 2009 betraf die Frage, ob die zur Finanzierung der Bundesanstalt für Finanzdienstleistungsaufsicht (BaFin) in den Aufsichtsbereichen Kredit- und Finanzdienstleistungswesen sowie Wertpapierhandel von den beaufsichtigten Unternehmen erhobene Umlage verfassungsmäßig war. Die BaFin nimmt seit dem Jahr 2002 u.a. die Aufsicht über die Kredit- und Finanzdienstleistungsinstitute und den Wertpapierhandel wahr. Zur Finanzierung dieser Aufsichtstätigkeit erhebt die Bundesanstalt von den beaufsichtigten Unternehmen eine Umlage, soweit ihre Kosten nicht durch Gebühren oder sonstige Erstattungen gedeckt sind. Diese Kosten

werden nach der Verordnung über die Erhebung von Gebühren und die Umlegung von Kosten nach dem Finandienstleistungsaufsichtsgesetz (FinDAGKostV) vom 29. April 2002[272] für jeden Aufsichtsbereich gesondert umgelegt. In dem betreffenden Fall erhob ein dieser Aufsicht unterliegender Finanzportfolioverwalter nach Durchlaufen des (Verwaltungs-)Rechtswegs Verfassungsbeschwerde gegen seine Heranziehung zu der Umlage.

Diese Umlage hat der Zweite Senat des Bundesverfassungsgerichts in seinem Beschluss vom 16. September 2009 als zulässige Sonderabgabe angesehen.[273] Er betont zunächst erneut, dass für die – auch hier vorliegende – Sonderabgabe mit Finanzierungsfunktion als „eigentliche Sonderabgabe" die in der Rechtsprechung entwickelten Rechtfertigungsgründe „in besonders strenger Form" anzuwenden seien.[274]

Gemeinsam ist dieser Entscheidung wie dem hier zu begutachtenden Projekt einer **295** Sonderabgabe für den gesamten Finanzmarkt insbesondere die Problematik des Zuschnitts der vorfindlichen homogenen Gruppe der Abgabenbelasteten. Im Hinblick auf den spezifischen Sachzweck der BaFin-Umlage hat der Zweite Senat die Homogenität der Gesamtgruppe aller derjenigen Unternehmen bejaht, die der *jeweiligen* Aufsicht der BaFin unterliegen. Das heißt, dass die Kosten hinsichtlich der Umlagefinanzierung der BaFin „für jeden Aufsichtsbereich gesondert umgelegt" werden. Damit wird gerade kein für alle Aufsichtsbereiche der BaFin einheitlicher Markt in Bezug auf die Umlagefinanzierung anerkannt. Jede Gruppe von Unternehmen, die der Aufsicht der BaFin unterliegt, ist **gesondert zu betrachten**, stellt potentiell jeweils eine eigene Gruppe von Sonderabgabenverpflichteten dar.

Die Einheitlichkeit – d.h. letztlich: die Homogenität – des Marktes für den Wertpapierhandel hat der Senat mit der Vernetzung gerade dieses Marktsystems begründet:

> „Charakteristisch für den Finanzmarkt ist, dass Fehlentwicklungen, denen die Auf- **296** sicht vorbeugen soll, nicht nur das einzelne Unternehmen, sondern in besonderem Maße den Markt insgesamt betreffen. Es handelt sich um ein vernetztes Marktsystem wechselseitiger Abhängigkeiten, das in besonderem Maß vom Vertrauen der Marktteilnehmer in hinreichende Kontrollmechanismen abhängig ist. [...] Die Aufsicht dient der Bewältigung dieser marktspezifischen Risiken und bildet eine wesentliche Rahmenbedingung desjenigen Marktes, auf dem die in Anspruch genommenen Unternehmen tätig sind".[275]

---

[272] BGBl. I S. 1504, 1847, zuletzt geändert durch Verordnung vom 15.10.2009, BGBl. I, 3590.

[273] BVerfG, 2 BvR 852/07 vom 16.09.2009, NVwZ 2010, 35.

[274] BVerfG, 2 BvR 852/07 vom 16.09.2009, NVwZ 2010, 35 Tz. 20.

[275] BVerfG, 2 BvR 852/07 vom 16.09.2009, NVwZ 2010, 35 Tz. 24.

297 In diesen Formulierungen wird die Abhängigkeit der Homogenität von der Definition des Zwecks deutlich, der mit der Sonderabgabe verfolgt wird. Die Umlage zugunsten der BaFin dient – jeweils unterschieden nach Marktsegmenten – dem Zweck der Finanzierung der laufenden Kosten dieser Behörde. Demgegenüber betrifft die hier zur Prüfung gestellte Sonderabgabe die Begründung und Finanzierung eines Sondervermögens (Fonds), dessen Mittel v.a. operativ – zur Krisenbewältigung – eingesetzt werden sollen und nicht oder allenfalls zu einem minimalen Anteil der Deckung interner administrativer Gemeinkosten dienen.

298 Der Entscheidung vom 16. September 2009 liegt damit eine **Form der Bürokratiefinanzierung** zugrunde, bei der die Regulierungsbehörde BaFin nicht aus den allgemeinen Haushalten, sondern ausschließlich durch Gebühren, Umlagen und gesonderte Kostenerstattungen der Beaufsichtigten finanziert wird.[276] Der Zweck dieser Abgabe ist deshalb auch allein der Betrieb dieser Behörde, d.h. ihr administratives hoheitliches Tätigwerden. Dieser formale Zweck betrifft in der Tat unterschiedslos sämtliche Unternehmen *eines bestimmten Aufsichtsbereichs* (dem Wertpapierhandel), welcher der Aufsicht der BaFin untersteht, unabhängig vom Grad des von den einzelnen Unternehmen ausgehenden Risikos und unabhängig von dem jeweiligen materiellen Regime, das als materiellrechtlicher Maßstab für die Aufsicht durch die BaFin anwendbar ist.

299 Demgegenüber liegt der Zweck der hier erörterten Sonderabgabe darin, dass aus ihrem Aufkommen Finanzhilfen an notleidende Unternehmen ausgereicht werden sollen (oben Rdnr. 43 ff.). Vor dem Hintergrund dieser Zwecksetzung erscheinen nicht mehr alle der Aufsicht der BaFin unterstehenden Unternehmen als eine homogene Gruppe. Vielmehr kommt es nun entscheidend auf die ökonomischen Risiken und auf die materiellrechtlichen Vorprägungen an, denen die einzelnen Gruppenmitglieder unterliegen. Weil sich dabei – wie gesehen – signifikante Unterschiede insbesondere zwischen Banken und Versicherungen ergeben, müssen die dem Beschluss des Zweiten Senats vom 16. September 2009 zugrunde liegenden Maßstäbe hier dazu führen, dass die Homogenität der Gruppe der abgabepflichtigen Unternehmen jedenfalls dann verneint wird, wenn Banken und Versicherungen gemeinsam der Sonderabgabe unterworfen würden. Dieses Ergebnis wird vor dem Hintergrund der zum Vergleich herangezogenen Entscheidung zur BaFin-Abgabe auch zusätzlich dadurch bestätigt, dass die Finanzierung dieser Aufsichtsbehörde – wie dargelegt – gerade nicht einheitlich und insgesamt, sondern nach Aufsichtsbereichen getrennt erfolgt. Wie oben herausgearbeitet, unterliegen Kreditinstitute und Versicherungen jedoch gerade unterschiedlichen materiellen Aufsichtsregimen, wie dies in den unterschiedlichen, die materiellen Maßstäbe liefernden Gesetzen, dem KWG einerseits, dem VAG andererseits, sinnfällig zum

---

[276] Bereits das Bundesaufsichtsamt für das Versicherungswesen (BAV), insoweit Vorläufer der BaFin, wurde zu 90 % durch Gebühren finanziert, § 101 Abs. 2 S. 1 VAG a.F. (aufgeh. m.W.v. 02.06.2007 durch G v. 28.05.2007, BGBl. I S. 923).

Ausdruck kommt. Die Entscheidung des Bundesverfassungsgerichts zur BaFin-Umlage vom 16. September 2009 bestätigt mithin indirekt die hier gefundenen Ergebnisse.

2. Beschluss 2 BvR 1387/04 vom 24. November 2009 – Jahresbeiträge nach dem ESAEG

Der Beschluss des Zweiten Senats vom 24. November 2009, der die Verfassungsmäßigkeit der Umlage nach dem Einlagensicherungs- und Anlegerentschädigungsgesetz (ESAEG) betrifft, ist für die methodische Feinjustierung der Gruppenhomogenität ebenfalls von großer Bedeutung und soll daher ebenfalls hier noch einmal genauer in Augenschein genommen werden. Die – in der Entscheidung bejahte – Homogenität folgt nach Ansicht des Gerichts ausnahmsweise und im Gegensatz zur sonst gewählten institutionellen Anknüpfung an das je einschlägige Aufsichtsrecht, einem durch Rechtsnormen und tatsächliche Gegebenheiten konstituierten Markt, dem Handel mit Wertpapieren. Diesen Markt sieht der Senat als durch eine „**Risikogemeinschaft**" bestimmt an.[277] Wie oben ausführlich begründet, besteht eine solche Risikogemeinschaft – anders als in dem Segment des Wertpapierhandels – zwischen Kreditinstituten und Versicherungsunternehmen aber gerade nicht (siehe Rdnrn. 268 ff.): Sowohl faktisch – d.h. nach dem Markt, wie er tatsächlich existiert – als auch normativ – d.h. nach den deutschen und europarechtlichen Regelungen, die Aufsicht und Regulierung von Kreditinstituten und Versicherungen betreffen – besteht **kein einheitlicher „Markt"**, der es rechtfertigen würde, von einer homogenen, sonderabgabepflichtigen Gruppe zwischen diesen beiden Formen von Unternehmen zu sprechen. Insbesondere unterscheiden sich, wie gezeigt wurde, die materiellen Aufsichtsregeln grundlegend. Zwar wird institutionell die Aufsicht in beiden Fällen seit einiger Zeit durch die BaFin durchgeführt, die Rechtsmaßstäbe sind nach KWG bzw. VAG jedoch grundlegend unterschiedliche. Für die materiellen Aufsichtsmaßstäbe, insbesondere auch für die Sicherungs- und Rettungssysteme haben sich – den zu beaufsichtigenden Unternehmen korrespondierend – divergierende Anforderungen im geltenden Recht herausgebildet. Die Besonderheit in dem Beschluss vom 24. November 2009 bestand gegenüber der bisherigen Sonderabgabenjudikatur darin, dass die Homogenität der Gruppe als notwendige Bedingung der Erhebung einer Sonderabgabe „im Wesentlichen gemeinschaftsrechtlich vorstrukturiert" war: Durch die Anlegerentschädigungsrichtlinie von 1997, welche die normative Vorlage des ESAEG darstellte, waren alle Unternehmen erfasst, „die keine Einlagenkreditinstitute sind, aber aufgrund ihrer Erlaubnis Wertpapierdienstleistungen erbringen".[278] Aus den gemeinschaftsrechtlichen Vorgaben folgte zwar nicht schon unmittelbar die durch die Sonderabgabe verwirklichte Finanzierungsverantwortung, sie bildete aber die normative Vorprägung zur „homogenen Gruppe", an die der deutsche Sonderabgaben- 300

[277] BVerfG, 2 BvR 1387/04 vom 24.11.2009, Tz. 65.

[278] BVerfG, 2 BvR 1387/04 vom 24.11. 2009, Tz. 61.

gesetzgeber anknüpfen durfte. Entscheidend ist dann die Wertung des Zweiten Senats, wonach die durch Richtlinie und ESAEG erfassten Unternehmen eine **Risikogemeinschaft** bildeten:

„Für die erforderliche Sachnähe der Abgabepflichtigen zu der zu finanzierenden Aufgabe stellt das BVerwG u.a. darauf ab, ‚dass die Entschädigungseinrichtung der Absicherung von Risiken dient, die gerade auf die Tätigkeit der Institute in einem risikoempfindlichen Markt zurückzuführen sind und die Institute zu einer Risikogemeinschaft werden lassen' (BVerwGE 120, 311, 323). Dem ist zuzustimmen mit der Maßgabe, dass sich diese Aussage nicht ohne Weiteres begrenzen lässt auf die spezifischen Risiken, die mit der Tätigkeit der Wertpapierhändler verbunden sind."

Diese Ausdehnung der Risikogemeinschaft fügt sich jedoch in den Rahmen des in Bezug genommenen Judikats vom 16. September 2009 zur Umlagefinanzierung der BaFin. Zwar spricht jetzt das Bundesverfassungsgericht vom „Finanzmarkt" als solchem, jedoch – wie eine genaue Textanalyse der Entscheidung zeigt – stets unter Bezugnahme auf den Beschluss zur BaFin-Finanzierung bzw. die Begründung zum KWG (und damit nicht zum VAG!).[279] Wenn der Senat ausführt, dass es charakteristisch für „den Finanzmarkt" sei, „dass Fehlentwicklungen, denen die Aufsicht vorbeugen soll, nicht nur das einzelne Unternehmen, sondern in besonderem Maße den Markt insgesamt betreffen und es sich um ein vernetztes Marktsystem wechselseitiger Abhängigkeiten handle, das in besonderem Maß vom Vertrauen der Marktteilnehmer in hinreichende Kontrollmechanismen abhängig ist"[280], wird für diese Aussage die Gesetzesbegründung zum KWG (!) in Bezug genommen; dies zeigt eindeutig, dass der „Markt" als „Gesamtsystem" in Bezug genommen wird, der seine materiellen Aufsichts- und Regulierungsvorgaben aus dem KWG empfängt. Der nach VAG beaufsichtigte Versicherungsmarkt gehört dazu gerade nicht.

301 Zudem stellt die Anknüpfung, die der Zweite Senat in seinem Beschluss vom 24. November 2009 wählt, im Gesamtkonzept von Aufsicht und Entschädigung – wie ausdrücklich betont wird – ein ergänzendes Instrument, eine Systemdurchbrechung dar.[281] Alle diese Gesichtspunkte lassen erkennen, dass die hier für eine allgemeine Sonderabgabe zur Krisenprävention gefundenen Ergebnisse auch mit den Maßstäben aus dem Beschluss des Zweiten Senats vom 24. November 2009 in Einklang stehen, ja durch diese Entscheidung letztlich bestärkt werden.

---

279 BVerfG, 2 BvR 1387/04 vom 24.11.2009, Tz. 65 f.

280 BVerfG, 2 BvR 1387/04 vom 24.11.2009, Tz. 66.

281 BVerfG, 2 BvR 1387/04 vom 24.11.2009, Tz. 67.

3. Zwischenergebnis

Beide hier herangezogenen Entscheidungen billigen eine Sonderabgabe im Bereich der Finanzmarktregulierung; beide Sonderabgaben unterscheiden sich jedoch signifikant von dem hier zu beurteilenden Sachverhalt einer allgemeinen Abgabe auf Unternehmen des Finanzdienstleistungssektors zum Zweck der Deckung von Rettungskosten im Fall einer künftigen Finanzkrise: 302

Im Hinblick auf den Beschluss vom 16. September 2009 ergibt sich die fallbezogene Abgrenzung trotz formaler Gleichheit der Großgruppe der Abgabepflichtigen aus der fundamentalen Differenz der mit der Abgabe (Umlage) verfolgten Sachzwecke.

Im Hinblick auf den Beschluss vom 24. November 2009 war bereits die von der Abgabe nach ESAEG betroffene Gruppe faktisch ungleich kleiner als die Gesamtheit der Unternehmen des Finanzdienstleistungssektors. Hier ergibt sich deshalb die fallbezogene Abgrenzung gleichermaßen aus der Zweckdifferenz und dem unterschiedlichen Gruppenzuschnitt.

VII. Schranken für die Neuverschuldung neuer Sondervermögen („Schuldenbremse")

Die Gründung neuer Sondervermögen ist verfassungsrechtlich zwar nicht schranken- 303
kenlos möglich.[282] Insbesondere für Sondervermögen, die aus dem Aufkommen einer Sonderabgabe gespeist werden, hat der Gesetzgeber aber schon wegen des Erfordernisses gruppennütziger Mittelverwendung (oben Rdnr. 272 ff.) einen breiten Gestaltungsspielraum; hier empfiehlt sich die Gründung eines Nebenhaushalts in Form eines Sondervermögens des Bundes sogar. Die Errichtung eines Sondervermögens steht dabei unter dem Vorbehalt eines förmlichen, hinreichend bestimmten Parlamentsgesetzes.[283]

Substanzielle finanzverfassungsrechtliche Beschränkungen ergeben sich allerdings 304
für den Fall, dass Fonds – z.B. in den Anfangsjahren – nicht ausschließlich aus dem Aufkommen der Sonderabgabe, sondern zusätzlich aus einer Kreditaufnahme finanziert werden soll.

Nach Art. 143d GG, der als Teil der sog. Föderalismusreform II[284] im Sommer 305
2009 in das Grundgesetz eingefügt worden ist, unterliegt die Erteilung von Kreditermächtigungen (auch) für Sondervermögen zumindest ab 2011 engen Grenzen:

282 *Puhl,* Budgetflucht und Haushaltsverfassung, 1996, S. 170 ff.

283 Einzelheiten bei *Puhl,* Budgetflucht und Haushaltsverfassung, 1996, S. 177 ff.

284 Gesetz zur Änderung des Grundgesetzes v. 29. 7. 2009, BGBl. I S. 2248.

Art. 143d Abs. 1 Satz 2 GG sieht vor, dass Art. 109 und 115 GG n.F.[285] erstmals für das Haushaltsjahr 2011 anzuwenden sind, dass aber die am 31. Dezember 2010 bestehenden Kreditermächtigungen für bereits eingerichtete Sondervermögen unberührt bleiben. Aus Letzterem folgt im Umkehrschluss, dass Sondervermögen – weil sie an den Verpflichtungen teilhaben, denen der betroffene Verband insgesamt aus Art. 109 GG n.F. (Länder) bzw. Art. 109 und 115 GG n.F. (Bund) unterliegt – ab dem 1. Januar 2011 keine Kreditermächtigungen mehr eingeräumt werden dürfen; bis dahin eingeräumte Kreditermächtigungen werden nichtig.

306 Diese Regelung gilt allerdings nur „für bereits eingerichtete Sondervermögen". Art. 143d Abs. 1 Satz 2 GG n.F. lässt nicht mit letzter Sicherheit erkennen, ob sich diese Partizipialkonstruktion auf das unmittelbar vorangegangene Datum (den 31. Dezember 2010) oder auf den Zeitpunkt der Verfassungsänderung, d.h. den 29. Juli 2009 bezieht. Im erstgenannten Fall wäre es zulässig, dass der Bundesgesetzgeber im Laufe des Jahres 2010 ein im Jahr 2010 neu gegründetes Sondervermögen zur Aufnahme eines Kredits ermächtigt. Folgt man dagegen der zweiten Auslegung, wäre auch ein im Laufe des Jahres 2010 neu gegründetes Sondervermögen nicht „bereits eingerichtet" i.S.d. Art. 143d Abs. 1 GG, so dass sich hier von vornherein jede Ermächtigung zur Aufnahme von Krediten verböte.

307 Richtigerweise verdient die erstgenannte Auslegung den Vorzug. Sie liegt nicht nur grammatikalisch näher, sondern hat auch teleologische Argumente auf ihrer Seite: Angesichts der ohnehin geringen normativen Grenzen für eine Neuverschuldung in den Jahren 2009 und 2010 wäre eine Ungleichbehandlung zwischen alten Sondervermögen und denjenigen Sondervermögen, die erst zwischen dem Inkrafttreten von Art. 143d GG und dem 31. Dezember 2010 gegründet wurden, wenig sinnvoll. Daraus folgt, dass Bund und Länder unter den allgemeinen Voraussetzungen, die das Grundgesetz an die Errichtung von Sondervermögen stellt, bis zum Ablauf des Jahres 2010 zur Errichtung neuer negativer Sondervermögen berechtigt bleiben. Die Formulierung „bereits eingerichtet" schließt demnach nur Eventualermächtigungen für erst nach dem 31.12.2010 zu gründende Sondervermögen aus.[286] Danach kann der Gesetzgeber das neu zu gründende Sondervermögen außer durch die hier untersuchte Sonderabgabe auch auf Kredit finanzieren, wenn er die dazu erforderlichen Kreditermächtigungen noch im Jahr 2010 erteilt.

308 Wann eine danach zulässige Kreditermächtigung genutzt wird, d.h. wann die Schulden tatsächlich aufgenommen werden, regelt Art. 143d GG nicht. In der Formulierung „am 31. Dezember 2010 bestehende Kreditermächtigungen" liegt offenbar bewusst mehr ist als ein Verbot der Fortführung (mit anderen Worten: weniger als ein Gebot der Tilgung) bestehender Kredite. Allerdings ist dem Art. 143d GG als reiner Übergangsbestimmung keine Bedeutung beizulegen, die das allgemeine

---

[285] I.d.F. des Gesetzes zur Änderung des Grundgesetzes v. 29.07.2009 („Föderalismusreform II").

[286] *Reimer,* in: Epping/Hillgruber, GG (2009), Art. 143d Rdnr. 5 (BeckOnline).

haushaltsverfassungsrechtliche Periodizitätsprinzip (Art. 110 Abs. 2 GG) oder gar das Vollständigkeitsgebot (Art. 110 Abs. 1 GG) einschränken würde. Aus diesen beiden Grundsätzen folgt – auch für Sondervermögen –, dass eine Kreditermächtigung grundsätzlich nur für das Rechnungsjahr gilt, für das sie erteilt worden ist.

In der Synthese erlaubt Art. 143d Abs. 1 Satz 2 GG n.F. daher lediglich, dass ein **309**
noch im Jahr 2010 aufgestellter Haushalt, der eine Kreditermächtigung enthält, in dem oder den Rechnungsjahr(en), für das/die er gilt (2011 und u.U. eines oder mehrere Folgejahre), noch exakt gemäß diesem Haushaltsplan bewirtschaftet werden darf. Für den (Normal-)Fall, dass der Haushalt nur für ein Rechnungsjahr aufgestellt wird und dass dieses Rechnungsjahr dem Kalenderjahr entspricht (§ 4 Satz 1 HGrG), darf demnach eine im Jahr 2010 für das (Rechnungs-)Jahr 2011 erteilte Kreditermächtigung nur im Jahr 2011 genutzt werden; in den Jahren 2012 ff. dürften dagegen selbst dann keine Kredite mehr aufgenommen werden, wenn die Ermächtigung dazu noch im Jahr 2010 erteilt würde.

VIII. Zwischenergebnis **310**

Eine Sonderabgabe zur Deckung von in der Vergangenheit, v.a. durch die Arbeit des SoFFin entstandenen Kosten ist finanzverfassungsrechtlich unzulässig. Eine Sonderabgabe, die der Absicherung von Unternehmen des Finanzmarkts gegen künftige Krisen dient, ist dagegen unter den strengen Voraussetzungen, die das Bundesverfassungsgericht an die Auferlegung nichtsteuerlicher Abgaben stellt, grundsätzlich zulässig.

Neben anderen Voraussetzungen spielt dabei das Erfordernis einer Homogenität der Gruppe der Abgabepflichtigen eine zentrale Rolle. Diese Homogenität ist in Abhängigkeit von dem konkreten Zweck zu bestimmen, dem die Sonderabgabe dient. Soll das Aufkommen aus der Sonderabgabe zur Unterstützung notleidender Unternehmen verwendet werden, die systemrelevant sind, scheidet eine Charakterisierung des gesamten Finanzdienstleistungssektors als homogene Gruppe von Verfassungs wegen aus. Insbesondere Banken und Versicherungen begründen vor dem Hintergrund dieses Zwecks keine homogene Gruppe. Vielmehr hat der Gesetzgeber zwischen Kreditinstituten einerseits und Versicherungsunternehmen einschließlich der spezifisch auf die betriebliche und private Altersvorsorge ausgerichteten Finanzdienstleistungsunternehmen andererseits zu unterscheiden.

Weitere finanzverfassungsrechtliche Bindungen ergeben sich im Hinblick auf die Mittelverwendung. Eine Erhebung der Sonderabgabe über einen nach Maßgabe ihres Zwecks zu bemessenden Höchstbetrag hinaus scheidet ebenso aus wie eine Abführung von Mitteln an die allgemeinen Haushalte des Bundes oder der Länder. Auch einer Neuverschuldung des neu einzurichtenden Sondervermögens setzt das Grundgesetz i.d.F. der Föderalismusreform 2009 enge zeitliche Grenzen.

D. Grundrechtliche und rechtsstaatliche Vorgaben

Die Grundrechte erfüllen in der deutschen Verfassungsordnung eine Doppelfunktion: Sie sind selber („prinzipaler“) Prüfungsmaßstab, zugleich aber auch Vehikel zur individuellen Überprüfung möglicher Verstöße des Gesetzgebers gegen objektives Verfassungsrecht („Elfes-Konstruktion“ über Art. 2 Abs. 1 GG).[287] Prozessual effektiviert durch den Rechtsbehelf der Verfassungsbeschwerde (Art. 93 Abs. 1 Nr. 4a GG), eröffnen die beschwerdefähigen Grundrechte in Verbindung mit dem allgemeinen (grundrechtlichen, rechtsstaatlichen) Vorbehalt des Gesetzes (vgl. Art. 19 Abs. 4 i.V.m. Art. 20 Abs. 3 GG) auch dem Einzelnen die Möglichkeit zur Überprüfung einfachgesetzlicher Regelungen am Maßstab der bundesstaatlichen Finanzverfassung.[288] Anders ausgedrückt: Nur über die (mögliche) Verletzung eines Grundrechts wären die finanzverfassungsrechtlich-kompetenziellen Verstöße einer zu prüfenden Abgabe für den Einzelnen oder für ein Unternehmen prozessual angreifbar. 311

Bei Abgaben mit Lenkungsfunktion müsste prinzipiell der Fiskalzweck und der Lenkungszweck gesondert einer grundrechtlichen Prüfung unterzogen werden.[289] In beiden Hinsichten können nur verhältnismäßige Eingriffe freiheitsrechtlich gerechtfertigt werden. Da die Lenkungsfunktion bei den einleitend skizzierten Möglichkeiten der Ausgestaltung einer Abgabe stets nur sekundärer Zweck ohne spezifische freiheitsgefährdende Kontur sein wird, beschränken sich die folgenden Erörterungen auf die Grundrechtskonformität der Belastungswirkung der Abgabe. 312

Eine Prüfung der Verletzung von Gleichheitsrechten, insbesondere des allgemeinen Gleichheitssatzes aus Art. 3 Abs. 1 GG erübrigt sich, da eine solche Prüfung identisch ist mit der Frage der Rechtfertigung der Sonderabgabe im Verhältnis zur Steuer, d.h. der Abgrenzung der homogenen Gruppe von Sonderabgabenpflichtigen.[290] Darüber hinausreichende Gleichheitsverstöße sind nicht ersichtlich. 313

---

[287] BVerfGE 6, 32.

[288] *Vogel/Waldhoff*, in: Bonner Kommentar (Fn. 119), Rdnr. 496, 567.

[289] *Vogel/Waldhoff*, in: Bonner Kommentar (Fn. 119), Rdnr. 497, 529.

[290] BVerfGE 55, 274 (306): „Die mit der Abgabe belastete Gruppe muß dem mit der Abgabenerhebung verfolgten Zweck evident näherstehen als jede andere Gruppe oder die Allgemeinheit der Steuerzahler; andenfalls wäre die Sonderbelastung der durch die Abgabe

I. Berufsfreiheit (Art. 12 Abs. 1 GG)

1. Schutzbereich

314 Verfassungsrechtlicher Prüfungsmaßstab ist zunächst das Grundrecht der Berufsfreiheit aus Art. 12 Abs. 1 GG. Dieses schützt im persönlichen Schutzbereich neben natürlichen Personen über Art. 19 Abs. 3 GG auch inländische juristische Personen des Privatrechts, sofern eine bestimmte Erwerbstätigkeit ihrem Wesen und ihrer Art nach in gleicher Weise von einer juristischen wie von einer natürlichen Person ausgeübt werden kann.[291] Finanzdienstleistungen werden sogar überwiegend durch inländische juristische Personen des Privatrechts ausgeübt (siehe oben Rn. 65). Demnach fallen auch juristische Personen des Privatrechts im Bereich der Finanzdienstleistungen unter den persönlichen Schutzbereich des Art. 12 Abs. 1 GG.

315 Im sachlichen Schutzbereich muss es sich bei der geschützten Tätigkeit um einen Beruf im Sinne des Art. 12 Abs. 1 GG handeln. Beruf ist danach jede auf eine gewisse Dauer angelegte, der Schaffung und Erhaltung einer Lebensgrundlage dienende Tätigkeit.[292] Bei der Bereitstellung von Finanzdienstleistungen handelt es sich unstrittig um einen geschützten Beruf im Sinne des Grundgesetzes. Der Schutzbereich der Berufsfreiheit ist demnach berührt.

2. Eingriff

316 Ein rechtfertigungsbedürftiger Eingriff in den Schutzbereich des Art. 12 Abs. 1 GG setzt ein staatliches Handeln voraus, das dem Einzelnen ein vom Schutzbereich umfasstes Verhalten ganz oder teilweise unmöglich macht. Dabei sind öffentliche Abgaben insofern als Eingriff in den Schutzbereich des Art. 12 Abs. 1 zu werten, als sie in engem Zusammenhang mit der Ausübung eines Berufs stehen und objektiv eine berufsregelnde Tendenz aufweisen.[293] Die Abgabepflicht knüpft vorliegend tatbestandlich jedenfalls unmittelbar an eine bestimmte wirtschaftliche Tätigkeit, namentlich die der Finanzdienstleistungen an. Insofern ist es ohne Belang, ob von der Abgabenpflicht grundsätzlich alle Finanzdienstleister betroffen sind, oder ob der Kreis der Abgabepflichtigen anhand weiterer Kriterien aus dem großen Kreis aller Finanzdienstleister extrahiert wird. Die Abgabe nimmt nämlich, unabhängig von der Größe der Schnittmenge, die Abgabepflichtigen gerade auf-

---

in Anspruch genommenen Gruppe schon mit dem allgemeinen Gleichheitssatz nicht zu vereinbaren."; ferner BVerfG, 2 BvR 852/07 vom 16.09.2009, NVwZ 2010, 35, Tz. 18; zu dem Zusammenhang aus anderer Warte auch *Lehner/Waldhoff*, § 1 EStG (Fn. 128), Rdnr. A 172.

[291] BVerfGE 21, 261 (266); 22, 380 (383); 30, 292 (312).

[292] BVerfGE 7, 377 (379); 50, 290 (362); 54, 301 (313); 105, 252 (265).

[293] BVerfG, 2 BvR 852/07 vom 16. 9. 2009, NVwZ 2010, 35, Tz. 15; vgl. BVerfGE 98, 83 (97); 113, 128 (145); zu dieser Figur im abgabenrechtlichen Bereich näher *Vogel/Waldhoff*, in: Bonner Kommentar (Fn. 119), Rdnr. 556 ff. mit dem Petitum Rdnr. 563, dieses unklare Kriterium aufzugeben.

grund ihrer Beteiligung an einem spezifischen Markt in Anspruch.[294] Zudem dient das Abgabenaufkommen sowohl bei retrospektiver als auch bei prospektiver Zwecksetzung der längerfristigen Sicherung und Stabilisierung dieses Marktes. Die Abgabe besitzt daher eine objektiv berufsregelnde Tendenz und ist somit verfassungsrechtlich an Art. 12 Abs. 1 GG zu messen.

In ständiger Rechtsprechung verfolgt seit dem sog. Apothekenurteil aus dem Jahr 1958 das Bundesverfassungsgericht bei der Prüfung einer Verletzung von Art. 12 Abs. 1 GG die Stufe, auf der der Freiheitseingriff in das Grundrecht erfolgt, um ausgehend von dieser Vorjustierung die Rechtfertigungsanforderungen zu bestimmen (sog. Dreistufentheorie).[295] In Anknüpfung an ältere gewerberechtliche Figuren wird zwischen Berufsausübung und Berufswahl unterschieden. Vorliegend wird unzweifelhaft auf der niedrigsten Stufe, der Stufe reiner Berufsausübungsregelungen ohne jede Rückwirkung auf die Berufswahlentscheidung durch die potenzielle Abgabe eingegriffen, denn kein Finanzdienstleistungsunternehmen, keine Versicherung wird sich allein aufgrund der geplanten Abgabe von seiner Tätigkeit abhalten lassen. Die neueren Entwicklungen in Richtung einer Aufweichung der Stufentheorie sind daher nicht von Interesse.[296] 317

3. Verfassungsrechtliche Rechtfertigung

Das Grundrecht aus Art. 12 Abs. 1 GG kann aufgrund eines formell und materiell verfassungsmäßigen Gesetzes eingeschränkt werden. Dabei wird vorliegend hinsichtlich der formellen Anforderungen an die Verfassungsmäßigkeit der Abgabe auf die Ausführungen zur Verbandskompetenz und der Zulässigkeit der Sonderabgabe verwiesen (siehe oben Rdnr. 311.). 318

Im Rahmen der materiellen Verfassungsmäßigkeit des Schrankengesetzes ist die Rechtfertigungsprüfung durch die bereits auf der Ebene des Grundrechtseingriffs angesprochene sog. Stufentheorie des Bundesverfassungsgerichts zu Art. 12 GG geprägt: Da hier ein Eingriff auf der niedrigsten Stufe, der Stufe reiner Berufsausübungsregelungen ohne Rückwirkungen auf die Berufswahlentscheidung, vorliegt, gelten entsprechend niedrige Rechtfertigungsanforderungen für den Eingriff. „Vernünftige Erwägungen des Gemeinwohls“ in Form eines verhältnismäßigen Ausgleichs rechtfertigen hier den Grundrechtseingriff;[297] mit anderen Worten: Es ist eine Verhältnismäßigkeitsprüfung durchzuführen, bei dem jeder verfassungslegitime Zweck in die Zweck-Mittel-Relation eingestellt werden darf. Dem Gesetzgeber 319

---

[294] Vgl. auch BVerfG, 2 BvR 852/07 vom 16.09.2009, NVwZ 2010, 35, Tz. 15; BVerfG, 2 BvR 1387/04 vom 24.11.2009, ZIP 2010, 168, Tz. 50.

[295] BVerfGE 7, 377 (401, 403, 405 ff.); dazu statt vieler nur *Mann*, in: Sachs (Hrsg.), Grundgesetz. Kommentar, 5. Aufl. 2009, Art. 12 Rdnr. 125 ff.

[296] Dazu wiederum mit den entsprechenden Nachweisen *Mann*, in: Sachs (Fn. 296), Rdnr. 137 ff.

[297] Seit BVerfGE 7, 377 (405 f.) ständige Rechtsprechung.

gebührt ein weiter Entscheidungsfreiraum, welche wirtschaftsregulierenden Ziele er verfolgt. Im Rahmen der Verhältnismäßigkeitsprüfung als relevanter Schranken-Schranke ist es mithin erforderlich, dass durch das Gesetz ein legitimer Zweck verfolgt wird, der Eingriff zur Zweckerreichung geeignet und erforderlich sowie im engeren Sinne verhältnismäßig, d.h. angemessen ist.

a) Zweckrichtung der Abgabe

320 An dieser Stelle ist zunächst die prospektive Zweckrichtung der Abgabe in den Blick zu nehmen, bei welcher der verfolgte Zweck in der Bildung von Rücklagen für den Fall künftiger Krisen liegt.[298] Dieser Zweck ist ohne weiteres legitim, da die gesamte Volkswirtschaft von einem stabilen und sicheren Finanzmarkt abhängig ist.

aa) Eignung

321 Problematisch könnte jedoch die Eignung der Abgabenerhebung zur Erreichung dieses Zweckes sein. Eine Maßnahme ist grundsätzlich bereits dann geeignet, wenn sie der Zweckerreichung in irgendeiner Weise dienlich ist.[299] Weitere Erleichterungen im Rahmen der Eignungsprüfung ergeben sich vorliegend aus dem Charakter der Maßnahme als Prognoseentscheidung. Bei einer solchen Prognoseentscheidung müssen naturgemäß Irrtümer über den tatsächlichen wirtschaftlichen Verlauf grundsätzlich in Kauf genommen werden. Erforderlich ist lediglich, dass die Entscheidung des Gesetzgebers aus der ex-ante-Perspektive den verfassungsrechtlichen Anforderungen an die Eignung der Maßnahme genügt.[300] Insoweit ist festzustellen, dass die Einführung einer Abgabe zur Bildung von Rücklagen jedenfalls dienlich ist (siehe auch oben Rdnrn. 280 ff.). Sie ist somit zur Zweckerreichung geeignet.

bb) Erforderlichkeit

322 Bei der Frage der Erforderlichkeit einer Maßnahme ist zu prüfen, ob der Gesetzgeber nicht ein anderes, gleich wirksames, aber das Grundrecht nicht oder doch weniger fühlbar einschränkendes Mittel wählen könnte.[301] Liegt der Zweck der Abgabe in der Bildung einer Finanzmasse in Form eines Fonds zur Finanzierung und mittelbaren Bekämpfung künftiger Finanzmarktkrisen, so kann taugliches Mittel zur Erreichung dieses Zweckes lediglich die Einzahlung in ein hierfür geschaffenes Sondervermögen sein. Ein milderes Mittel als die Einführung einer Zwangsabgabe könnte allenfalls in der über die bereits vorhandenen Sicherungssysteme hinausgehenden, freiwilligen Bildung von entsprechenden Finanzierungs-

---

[298] S.o. Rdnr. 5.

[299] BVerfGE 16, 147 (181); 17, 306 (317); 19, 119 (126).

[300] BVerfG NJW 1971, 1603.

[301] BVerfGE 30, 292 (319); 19, 330 (337); 25, 1 (17 f.).

systemen durch die Finanzdienstleistungsunternehmen liegen. Ein solches fakultatives Finanzierungssystem würde jedoch jedenfalls kein ebenso geeignetes Mittel wie eine Zwangsabgabe darstellen, denn es scheint fraglich, ob über die bereits bestehenden Sicherungssysteme hinaus eine weitere Bildung von Rücklagen ohne Zwangscharakter eine Akzeptanz innerhalb des Finanzmarktsektors finden könnte. Mangels in Betracht kommender milderer, jedoch ebenso wirksamer Mittel zur Zweckerreichung ist die Einführung der Zwangsabgabe erforderlich.

cc) Angemessenheit

Abschließend müsste die Abgabenerhebung auch verhältnismäßig im engeren **323**
Sinne, d.h. angemessen sein. Der Verhältnismäßigkeitsgrundsatz im engeren Sinne verlangt eine Abwägung zwischen denjenigen Gemeinwohlbelangen, zu deren Wahrnehmung es erforderlich ist, in Grundrechte einzugreifen, und den Auswirkungen auf die Rechtsgüter der davon betroffenen Personen oder Personengruppen. Dabei macht die Gewichtung der miteinander in Verbindung zu setzenden und abzuwägenden widerstreitenden Interessen es erforderlich, die für das jeweilige Interesse erheblichen Bedingungen und Auswirkungen der Eingriffsregelung in ihrem Zusammenwirken zu würdigen. Der Grundsatz der Verhältnismäßigkeit im engeren Sinne enthält als solcher aber keine inhaltlichen Aussagen darüber, welche Auswirkungen und Bedingungen eines staatlichen Eingriffs in die Abwägung einzubeziehen sind und wann ein Mittel verhältnismäßig ist. Hierfür bedarf es jeweils einer Einzelentscheidung.[302] Im vorliegenden Fall ist auf der einen Seite das Interesse der Allgemeinheit an einem stabilen und funktionierenden Finanzmarkt in die Abwägung einzustellen.

Dabei handelt es sich jedoch in besonderer Weise auch um ein Interesse der Fi- **324**
nanzdienstleister selbst. Sie stehen nämlich auf zwei Ebenen in einem besonderen Näheverhältnis zur Stabilität des Finanzmarktes: Zum einen führen die erheblichen Verflechtungen, namentlich der Banken untereinander und ihrer daraus resultierenden Abhängigkeit voneinander zu einem über das Allgemeininteresse hinausgehenden speziellen Interesse an der Stabilität des Finanzmarktes; zum anderen sind die Banken selbst in der Lage, durch spekulative Geschäfte mit erheblichem Risikopotential eine Instabilität des Finanzsektors hervorzurufen.

Demgegenüber steht der mit der Abgabenerhebung einhergehende Eingriff in die **325**
Grundrechtspositionen der Finanzdienstleister, namentlich vor allem die der Berufs- und der Eigentumsfreiheit. Im Rahmen einer Gewichtung des Grundrechtseingriffs im Verhältnis zu den Gemeinwohlbelangen ist festzustellen, dass sich der Eingriff in die Grundrechte der Finanzdienstleister weniger intensiv darstellt. Hierbei ist zu berücksichtigen, dass – wie oben bereits dargelegt – die Finanzdienstleister generell bereits durch verschiedene Sicherungssysteme gesichert sind.

[302] BVerfGE 92, 277 (327).

326 Daraus ließe sich einerseits schließen, dass die Finanzdienstleister bereits Absicherungen getroffen haben und somit jede weitere erzwungene Absicherungsmaßnahme einen stärkeren Grundrechtseingriff darstellt. Auf der anderen Seite zeigt die Finanzmarktkrise seit 2008 überaus deutlich die Notwendigkeit weiterer Maßnahmen und die Unzulänglichkeit der bereits bestehenden Sicherungssysteme. Zudem lässt sich bei der Beurteilung der Intensität des Grundrechtseingriffs auch die Systemrelevanz der Banken heranziehen (siehe oben Rdnrn. 64 ff.). Gerade dieses von den Banken geschaffene System macht die Absicherung mittels finanzieller Rücklagen erst erforderlich. Demgegenüber sind Versicherungen – jedenfalls bei typisierender Betrachtung – nur „passiv systemrelevant" (oben Rdnrn. 95 ff.). Ihr Absicherungsbedürfnis unterscheidet sich nicht von einem auch in der Realwirtschaft anzutreffenden, aber höchst unspezifischen Bedürfnis nach Insolvenzschutz; dieser Insolvenzschutz ist nicht Sache des Staates.

327 Infolgedessen ergibt die Abwägung, dass die Schwere des Grundrechtseingriffs die widerstreitenden Gemeinwohlbelange grundsätzlich überwiegt. Allein im Hinblick auf Banken überwiegen dagegen die Gemeinwohlbelange; nur insoweit wäre die Einführung einer Sonderabgabe in prospektiver Zielrichtung materiell verfassungsgemäß.

328 Die retrospektive Ausgestaltung der Abgabe ist ebenfalls, unabhängig von der Frage einer verfassungsmäßigen Rückwirkung (vgl. unten Rdnr. 348 ff.), auf die materielle Verfassungsmäßigkeit hin zu untersuchen. Dabei liegt der Zweck der Abgabe in der Durchführung eines Regresses für die bereits entstandenen öffentlichen Aufwendungen zur Stabilisierung des Finanzmarktes (vgl. oben Rdnr. 5 ff.). Dieser Zweck ist legitim, da die gesamte Volkswirtschaft von einem stabilen und sicheren Finanzmarkt abhängig ist und der Finanzsektor selbst durch unlautere Geschäftspraktiken einen erheblichen Anteil an der Verursachung der Krise trägt. Problematisch könnte hier jedoch die Eignung der Abgabenerhebung zur Erreichung dieses Zweckes sein. Im Rahmen der Finanzmarktkrise seit dem Jahr 2008 wurden erhebliche finanzielle Mittel zur Stabilisierung des Finanzmarktsektors durch den SoFFin eingesetzt. Es erscheint daher fraglich, ob die Abgabe ein ausreichendes Volumen erreichen könnte, um die gesamten bereits entstandenen Verluste des SoFFin zu kompensieren. Besteht der angestrebte Zweck hingegen lediglich darin, die entstandenen Verluste zu einem angemessenen Teil zu ersetzen, erscheint die Einführung der Abgabe als geeignetes Mittel zur Zweckerreichung. Legt man somit eine Eignung der Maßnahme zugrunde, so stellt sich die Frage, ob die Einführung der Abgabe auch erforderlich ist, um den Zweck zu erreichen. Wie bereits im Rahmen der retrospektiven Zweckrichtung festgestellt, ist auch ein Regress für bereits entstandene Kosten lediglich in der Form einer Geldzahlung möglich. Als milderes Mittel käme auch hier zunächst eine freiwillige Beteiligung der Finanzdienstleister bei der Refinanzierung der prognostizierten Verluste des SoFFin in Betracht. Nach den oben genannten Grundsätzen wäre dieses Mittel jedoch jedenfalls nicht ebenso geeignet wie die Einführung einer Zwangsabgabe. Ein

weiteres milderes Mittel könnte in der Beteiligung lediglich derjenigen Kreditinstitute liegen, die tatsächlich Leistungen des SoFFin in Anspruch genommen haben. Jedoch erscheint auch diese Maßnahme jedenfalls hinsichtlich des angestrebten Abgabenvolumens als nicht ebenso geeignet wie die Einführung einer Zwangsabgabe für alle Finanzdienstleistungsunternehmen.

Abschließend müsste die Abgabenerhebung auch verhältnismäßig im engeren Sinne 329
sein. Auf der Grundlage der bereits oben gemachten Ausführungen ist im Rahmen der Gemeinwohlbelange lediglich die Finanzierung etwaiger entstehender Verluste des SoFFin in die Abwägung einzustellen. Dabei ist zu berücksichtigen, dass die Leistungen des SoFFin zum gegenwärtigen Zeitpunkt bereits verauslagt wurden. Folglich kann hier als Gemeinwohlbelang auch nicht die Verhinderung der Finanzmarktkrise angesehen werden, da diese zum gegenwärtigen Zeitpunkt bereits durch den mit Steuermitteln gespeisten SoFFin gefördert wurde. Auf der anderen Seite stehen auch hier die durch die Abgabenerhebung entstehenden Grundrechtseingriffe auf Seiten der Finanzdienstleister. An dieser Stelle ist zwischen der Abgabenschuldnerschaft der Kreditinstitute und der Versicherungen zu unterscheiden. Unstreitig haben die Banken in erheblichem Maße zur Verursachung der Finanzmarktkrise durch unlautere und riskante Geschäftspraktiken beigetragen. Infolgedessen sah sich der SoFFin gezwungen, in erheblichem Maße finanzielle Mittel zur Stabilisierung des Finanzmarktes bereitzustellen. Es erscheint daher grundsätzlich angemessen, den Banken als (Mit-)Verursachern der Finanzmarktkrise jedenfalls zu einem gewissen Teil durch Einführung einer entsprechenden Abgabe die dem SoFFin hierdurch entstandenen Verluste aufzuerlegen. Dabei ist unschädlich, dass unstreitig nur eine geringe Zahl der Finanzdienstleister tatsächlich finanzielle Hilfen in Anspruch genommen hat. Denn die entstandenen Aufwendungen sind dennoch auf die Geschäftspraktiken der Finanzdienstleistungsbranche insgesamt zurückzuführen. Eine Finanzierungsverantwortung ergibt sich somit nicht lediglich für die leistungsempfangenden Unternehmen (Rdnr. 263 ff.). Die Einführung einer solchen Abgabe ist somit jedenfalls für den Bankensektor auch im engeren Sinne verhältnismäßig.

Ein anderes Ergebnis könnte sich hingegen für die Versicherungsbranche ergeben. 330
Hierbei ist zunächst festzustellen, dass auch die Versicherungen aus dem SoFFin grundsätzlich hinsichtlich Finanzhilfen anspruchsberechtigt sind. Zum gegenwärtigen Zeitpunkt hat jedoch noch keine Versicherung einen entsprechenden Anspruch gegenüber dem SoFFin geltend gemacht und es ist nicht zu erwarten, dass sich daran etwas ändert (siehe oben Rdnr. 248). Die Erweiterung des Kreises der Abgabenschuldner um die Versicherungen führt somit zu einer Belastung der Versicherungen zur Deckung von Aufwendungen, die zur Rettung einer anderen Branche getätigt wurden. Eine derartige Erweiterung könnte jedoch dann verhältnismäßig sein, wenn die dem SoFFin entstandenen Verluste jedenfalls auch auf

die Geschäftspraktiken der Versicherungen zurückzuführen sind.[303] Dies ist jedoch aufgrund der strukturellen Unterschiede zwischen der Versicherungs- und der Bankenbranche im Ergebnis zu verneinen (siehe oben Rdnr. 183 ff.). Somit stellt sich die Einführung der Sonderabgabe für den Versicherungssektor in der retrospektiven Ausgestaltung als unverhältnismäßig dar.

b) Persönlicher Anwendungsbereich

331 Im Rahmen der materiellen Verfassungsmäßigkeit der Sonderabgabe werden an den persönlichen Anwendungsbereich, d.h. an die Abgabenschuldnerschaft, über die im Rahmen der Zweckrichtung der Abgabe hinaus gemachten Ausführungen keinerlei Anforderungen gestellt.

c) Zeitliche Ausgestaltung

332 Bei der zeitlichen Ausgestaltung der Sonderabgabe bestehen verfassungsrechtliche Anforderungen lediglich für die Frage einer befristeten oder unbefristeten Abgabenerhebung. Dabei ist im Rahmen der Verhältnismäßigkeit jedenfalls dann eine Beendigung der Abgabenerhebung erforderlich, wenn entweder ein hinreichendes Abgabenvolumen erreicht wurde, das eine weiterführende Abgabenerhebung an der Erforderlichkeit scheitern ließe. Dabei dürfte jedoch dem Gesetzgeber eine Einschätzungsprärogative bei der Bestimmung des ausreichenden Abgabenvolumens zustehen, an die aufgrund des Charakters einer Prognoseentscheidung jedenfalls keine zu strengen Anforderungen zu stellen wären. Weiter wäre eine Beendigung der Abgabenerhebung erforderlich, sobald entweder andere ausreichende Schutzmechanismen ergriffen sind oder aufgrund ordnungsrechtlicher Vorgaben eine vergleichbare Finanzmarktkrise als strukturbedingt unmöglich erscheint. Im Ergebnis sind daher für die materielle Verhältnismäßigkeit der Sonderabgabe in zeitlicher Ausgestaltung hinreichende Überprüfungs- und Kontrollmechanismen hinsichtlich der genannten Punkte zu treffen.

333 4. Zwischenergebnis

Ein über die oben festgestellten Verstöße gegen die Voraussetzungen für die zulässige Erhebung einer Sonderabgabe hinausgehender Verstoß gegen Anforderungen der Berufsfreiheit (Art. 12 Abs. 1 GG) kann nicht festgestellt werden. Insbesondere entspricht dem oben Festgestellten, dass eine retrospektive Sonderabgabe zur Finanzierung der aktuellen Krise unverhältnismäßig wäre, soweit sie sich an Versicherungen als Abgabenschuldner richtet.

---

[303] Vgl. *Schäfers* in: FAZ v. 14.04.2010, S. 13.

II. Eigentumsgarantie (Art. 14 GG)

1. Schutzbereich

Die Eigentumsgarantie erfüllt im Gesamtgefüge der Grundrechte die Aufgabe, dem Grundrechtsträger im vermögensrechtlichen Bereich einen Freiraum zu sichern und ihm damit eine eigenverantwortliche Lebensgestaltung zu ermöglichen.[304] Dabei umfasst der persönliche/personale Schutzbereich des Art. 14 Abs. 1 GG alle natürlichen und – unter Berücksichtigung des Art. 19 Abs. 3 GG – alle inländischen juristischen Personen des Privatrechts[305] sowie alle nicht rechtsfähigen Personenvereinigungen.[306] Ebenso wie im Rahmen der Berufsfreiheit, sind danach jedenfalls alle inländischen Finanzdienstleister und Versicherer grundrechtsberechtigt. Unter den Schutz der Eigentumsgarantie fallen im sachlichen Schutzbereich dem Grunde nach alle vermögenswerten Rechte, die dem Berechtigten von der Rechtsordnung in der Weise zugeordnet sind, dass er die damit verbundenen Befugnisse nach eigener Entscheidung zu seinem privaten Nutzen ausüben darf.[307] Dabei ist unter „Eigentum“ die rechtliche Zuordnung eines vermögenswerten Gutes an einen Rechtsträger zu verstehen. 334

In der verfassungsgerichtlichen Rechtsprechung nicht endgültig geklärt ist die Frage, ob auch die Auferlegung von Geldleistungspflichten grundsätzlich an Art. 14 Abs. 1 GG zu messen ist. Diese sind nämlich gerade nicht mittels eines bestimmten Eigentumsobjekts zu erfüllen, sondern werden aus dem fluktuierenden Vermögen bestritten, d.h. der Abgabepflichtige entscheidet grundsätzlich frei darüber, aus welchen Vermögensbestandteilen er die Abgabenschuld begleicht.[308] Der Erste Senat des Bundesverfassungsgerichts vertritt in ständiger Rechtsprechung die Auffassung, dass das Vermögen selbst („als solches“), also der Inbegriff aller geldwerten Güter einer Person, durch Art. 14 Abs. 1 GG nicht geschützt ist.[309] Auf dieser Grundlage verneint der Senat bis in die Gegenwart, dass die staatliche Auferlegung von Geldleistungspflichten an Art. 14 Abs. 1 GG zu messen ist.[310] Etwas anderes kommt nur dann in Betracht, wenn die Geldleistungspflichten den Betroffenen übermäßig belasten und seine Vermögensverhältnisse so grundlegend beeinträchtigen, dass sie eine erdrosselnde Wirkung haben.[311] Eine solche erdrosselnde Wirkung 335

---

304 BVerfG 18.01.2006 2 BvR 2194/99 Tz. 33.

305 BVerfGE 4, 7 (17); 53, 336 (345); 66, 116 (130).

306 BVerfGE 4, 7 (17).

307 Vgl. BVerfGE 83, 201 (209), ständige Rechtsprechung.

308 Vgl. BVerfGE 14, 221 (241); 19, 119 (128 f.); 23, 288 (315); 78, 232 (243), ständige Rechtsprechung.

309 BVerfGE 4, 7 (17), ständige Rechtsprechung.

310 Vgl. BVerfGE 4, 7 (17).

311 Vgl. BVerfGE 14, 221 (241); 19, 119 (128 f.); 23, 288 (315); 78, 232 (243), ständige Rechtsprechung.

scheidet im vorliegenden Fall jedoch angesichts der diskutierten Abgabenhöhe von vornherein aus.

336 Demgegenüber hat der Zweite Senat des Bundesverfassungsgerichts bereits in seinem Beschluss zu Einheitswert und Vermögenssteuer vom 22. Juni 1995 jedenfalls im Bereich der Steuergesetzgebung mittelbar einen Schutz des Vermögens über Art. 14 GG (i.V.m. Art. 2 Abs. 1 GG) für möglich gehalten. Insoweit beschränkt sich die Auffassung des Senates jedoch darauf, dass jedenfalls die Vermögensbesteuerung nicht im Ergebnis zu einer schrittweisen Konfiskation führen dürfe, die den Steuerpflichtigen übermäßig belaste.[312] Da es sich vorliegend jedoch nicht um eine Form der Vermögensbesteuerung handelt, scheidet unter diesem Gesichtspunkt die Berührung des Schutzbereiches des Art. 14 Abs. 1 GG aus. In einer weiteren Entscheidung vom 18. Januar 2006 zur Frage des sog. Halbteilungsgrundsatzes im Ertragsteuerrecht hat der Zweite Senat hingegen jedenfalls bei einer Besteuerung des Hinzuerwerbs von Eigentum die Eigentumsgarantie des Art. 14 Abs. 1 GG als betroffen erachtet. Dabei hat er darauf abgestellt, dass der Steuerzugriff tatbestandlich an das Innehaben von vermögenswerten Rechtspositionen anknüpft und somit zugunsten der Allgemeinheit den privaten Nutzen der erworbenen Rechtspositionen einschränkt.[313] Somit ist jedenfalls auf der Grundlage der Rechtsprechung des Zweiten Senats die Berührung des Schutzbereichs des Art. 14 Abs. 1 GG dann nicht ausgeschlossen, wenn auf der Ebene der Bemessungsgrundlage der künftigen Abgabe auf den Hinzuerwerb von Eigentum abgestellt wird. Ein danach erfasster Anknüpfungspunkt könnte sowohl in der Bilanzsumme als auch im Gewinn des Unternehmens liegen, da beide Parameter jedenfalls mittelbar an den Hinzuerwerb von Eigentum anknüpfen.

337 Hält man auf der Grundlage der skizzierten Rechtsprechung des Zweiten Senats des Bundesverfassungsgerichts eine Berührung des Schutzbereichs des Art. 14 Abs. 1 GG für möglich, so kann hinsichtlich der Frage einer verfassungsmäßigen Inhalts- und Schrankenbestimmung auf die Ausführungen zur materiellen Verfassungsmäßigkeit im Rahmen der Berufsfreiheit verwiesen werden.

2. Zwischenergebnis

338 Ein Verstoß gegen die Eigentumsfreiheitsgarantie des Art. 14 GG kann nicht festgestellt werden.

[312] BVerfGE 93, 121 (136 ff.); vgl. auch BVerfGE 87, 153 (169).

[313] BVerfG 18.01.2006 2 BvR 2194/99 Tz. 34.

III. Vereinigungsfreiheit (Art. 9 Abs. 1 GG)

1. Schutzbereich

Mit dem Recht, Vereine und Gesellschaften zu bilden, gewährleistet Art. 9 Abs. 1 GG ein konstituierendes Prinzip der demokratischen und rechtsstaatlichen Ordnung des Grundgesetzes, namentlich das Prinzip freier sozialer Gruppenbildung.[314] Durch die Einführung der Abgabe könnte daher der Schutzbereich der Vereinigungsfreiheit aus Art. 9 Abs. 1 GG betroffen sein. Bei einer Vereinigung handelt es sich nach der quasi authentischen Interpretation des § 2 Abs. 1 VereinsG um eine Mehrheit natürlicher oder juristischer Personen, die sich für längere Zeit zu einem gemeinsamen Zweck freiwillig zusammengeschlossen und einer organisierten Willensbildung unterworfen hat. Der Vereinigungsbegriff ist grundsätzlich weit auszulegen.[315] Hierunter fällt unstreitig auch der Zusammenschluss natürlicher Personen in einer Gesellschaft des Privatrechts.[316] Ob hingegen auch größere Kapitalgesellschaften (sog. Publikumsgesellschaften) vom Schutzbereich umfasst sind, hat das Bundesverfassungsgericht aufgrund des geringen personalen Elements bislang offen gelassen.[317] Dies kann jedoch dahinstehen, wenn bereits der sachliche Schutzbereich nicht berührt ist. **339**

Nach der Rechtsprechung des Bundesverfassungsgerichts und der herrschenden Meinung in der Literatur ist über Art. 9 Abs. 1 GG lediglich die innere Vereinsbetätigung geschützt. Ausdrücklich nicht vom sachlichen Schutzbereich erfasst ist demnach die externe Vereinstätigkeit als Freiheit gemeinsamen, vereinsmäßigen Handelns. Sie steht lediglich unter dem Schutz der speziellen Grundrechte, weil dem gemeinsam verfolgten Vereinszweck durch Art. 9 Abs. 1 GG kein weitergehender Schutz vermittelt wird.[318] Somit ist grundsätzlich bereits der sachliche Schutzbereich des Art. 9 Abs. 1 GG nicht berührt. **340**

Wird im Rahmen der rechtlichen Ausgestaltung der Abgabe die Abgabepflicht hingegen lediglich auf Kapitalgesellschaften erstreckt, so könnte der Schutzbereich des Art. 9 Abs. 1 GG insoweit sachlich berührt sein, als die Belastung speziell an einer bestimmten Rechtsform anknüpft. Jedoch verpflichtet Art. 9 Abs. 1 GG den Gesetzgeber gerade nicht zu einer rechtsformneutralen Abgabenerhebung.[319] Stellt der Gesetzgeber bei dem Kreis der Abgabenschuldner jedoch zuvörderst auf einen gesellschaftsrechtlichen Zusammenschluss ab und scheiden natürliche Personen aus, käme die Berührung des Schutzbereichs des Art. 9 Abs. 1 GG hingegen in Betracht. Da- **341**

---

[314] BVerfGE 38, 281 (302 f.); 50, 290 (353).

[315] *Höfling*, in: Sachs (Hrsg.), Grundgesetz. Kommentar, 5. Aufl. 2009, Art. 9 Rdnr. 7.

[316] BVerfGE 50, 290 (354).

[317] BVerfGE 50, 290 (355 f.); vgl. BVerfG 25.10.1989 1 BvR 1499/87, 1 BvR 1519/87.

[318] BVerfGE 70, 1 (25); BVerfG, NJW 1996, 1203.

[319] BVerfGE 116, 164; vgl. demgegenüber jedoch strenger BVerfGE 101, 132; 101, 151; dazu statt vieler *Waldhoff*, Rechtsprechungsanalyse Steuerrecht und Verfassungsrecht, Die Verwaltung 41 (2008), S. 259 (273 f.).

bei wäre dann im Rahmen der verfassungsrechtlichen Rechtfertigung eines Eingriffs zu berücksichtigen, dass bei der Bestimmung des Abgabenschuldners als Anknüpfungspunkt nicht in erster Linie auf die Rechtsform, sondern vielmehr auf die berufliche Betätigung im Bereich der Finanzdienstleistungen abgestellt wird.

342 Hinzu kommt als weiterer Aspekt die Systemrelevanz der jeweiligen Abgabenschuldner, die bei natürlichen Personen auszuschließen ist. Insoweit kommt einer möglichen Verletzung des Art. 9 Abs. 1 GG gegenüber einer Verletzung der Berufsfreiheit aus Art. 12 Abs. 1 GG im Ergebnis keine eigenständige Bedeutung zu.

2. Zwischenergebnis

343 Eine Verletzung des Art. 9 Abs. 1 GG scheidet jedenfalls deshalb aus, weil ihr gegenüber einer Verletzung des Art. 12 Abs. 1 GG keine eigenständige Bedeutung zukommt.

IV. Allgemeine Handlungsfreiheit (Art. 2 Abs. 1 GG)

1. Schutzbereich

344 Das Grundrecht aus Art. 2 Abs. 1 GG hat das Bundesverfassungsgericht im sog. Elfes-Urteil[320] als umfassende allgemeine Handlungsfreiheit ausgelegt. Es stellt ein sog. Jedermann-Grundrecht dar und ist über Art. 19 Abs. 3 GG auch auf juristische Personen wesensmäßig anwendbar. In seinem sachlichen Schutzbereich schützt das Grundrecht aus Art. 2 Abs. 1 GG jedes menschliche Verhalten, jede Freiheitsbetätigung.[321]

345 Aufgrund dieses weiten Schutzbereichs des Art. 2 Abs. 1 GG stellt die Beeinträchtigung eines speziellen Freiheitsrechts immer zugleich auch eine Beeinträchtigung der allgemeinen Handlungsfreiheit dar. Folglich tritt das Grundrecht aus Art. 2 Abs. 1 GG als subsidiär hinter einem besonderen Freiheitsrecht zurück.[322] Da vor-

---

[320] BVerfGE 6, 32 ff.

[321] BVerfGE 6, 32 (36).

[322] BVerfGE 6, 32 (37); 89, 1 (13); 95, 173 (188). In seiner steuerverfassungsrechtlichen Judikatur hat freilich der Zweite Senat des Bundesverfassungsgerichts in dem sog. Vermögensteuerbeschluss von 1995 bei Steuerauflagen Art. 14 GG i.V.m. Art. 2 Abs. 1 GG bzw. Art. 12 Abs. 1 GG i.V.m. Art. 2 Abs. 1 GG als einschlägige Schutzbereiche benannt; die neuere Rechtsprechung dieses Senats greift – wie oben dargelegt – unmittelbar auf Art. 14 GG (und entsprechendes müsste auch für Art. 12 GG gelten) zurück. Für hiesige Fragestellung spielen diese Details keine Rolle, da die Grundrechte – wie dargelegt – ohnehin nur als prozessualer „Hebel" zur Rüge abgabenverfassungsrechtlicher Verstöße herangezogen werden, da nur ein formell verfassungsmäßiges Gesetz einen grundrechtlichen Eingriff überhaupt rechtfertigen könnte, ein spezifischer Grundrechtsverstoß – wie gezeigt – nicht nachgewiesen werden könnte.

liegend jedenfalls der Schutzbereich des Art. 12 Abs. 1 GG berührt ist, scheidet die Anwendung des Art. 2 Abs. 1 GG aufgrund des Spezialitätsverhältnisses aus.

2. Zwischenergebnis

Der Schutzbereich des Grundrechts aus Art. 2 Abs. 1 GG ist nicht berührt, da es im Wege der Subsidiarität jedenfalls hinter Art. 12 Abs. 1 GG zurücktritt. 346

V. Rückwirkungsverbote

Zusätzlich zu den oben genannten grundrechtlichen Begrenzungen für die Auferlegung einer Sonderabgabe zur Erfüllung von in der Zukunft liegenden Sachzwecken hat der Gesetzgeber für den Fall, dass Tatbestand oder Rechtsfolge des Gesetzes einen Vergangenheitsbezug aufweise, die verfassungsrechtlichen Rückwirkungsverbote zu beachten. Dieser Vergangenheitsbezug kann sich daraus ergeben, dass in der Vergangenheit verwirklichte Tatsachen in den Tatbestand aufgenommen werden; er kann sich möglichweise aber auch daraus ergeben, dass der Gesetzgeber mit den Mitteln der Sonderabgabe auch Sachzwecke erfüllen oder Finanzbedarfe decken will, die in die Vergangenheit zurückreichen (insbesondere: rückwirkende Beteiligung des Finanzdienstleistungssektors an den Kosten, die Bund und Ländern durch die Finanzkrise 2008 entstanden sind).[323] 347

Aus den oben (Rdnr. 150) genannten Gründen kommt allerdings die nachträgliche „unternehmensscharfe" Sanktionierung von in der Vergangenheit bereits realisierten Risiken, namentlich einer tatsächlichen Inanspruchnahme externer Hilfe (z.B. des SoFFin) im Rahmen von Sonderabgaben von vornherein nicht in Betracht (Abgrenzung zur Gebühr). Rückwirkungsfragen stellen sich mithin allenfalls in der zweiten Variante, d.h. im Hinblick auf einen Vergangenheitsbezug der mit der Abgabe verfolgten Zwecksetzung und/oder Mittelverwendung. 348

Soweit es sich bei den Bedarfen um in der Vergangenheit abgeschlossene Sachverhalte handelt, stellt sich das Problem der sog. echten Rückwirkung (Rückbewirkung von Rechtsfolgen; unten Rdnr. 351 ff.). Soweit demgegenüber lediglich in der Vergangenheit begonnene, aber zum Zeitpunkt der Erhebung der Sonderabgabe noch nicht abgeschlossene Finanzierungszwecke erfüllt werden, ist lediglich die Rechtsprechung zur sog. unechten Rückwirkung (tatbestandliche Rückanknüpfung) zu beachten (unten Rdnr. 354 ff.). 349

---

[323] Allgemein zur abgabenrechtlichen Rückwirkung(sjudikatur) *Vogel/Waldhoff*, in: Bonner Kommentar (Fn. 119), Rdnr. 490 ff.; zur neueren Rechtsprechung *Waldhoff*, Steuerrecht und Verfassung (Fn.319), S. 283 ff.; zur Rückwirkungsproblematik insgesamt *Maurer*, Kontinuitätsgewähr und Vertrauensschutz, in: Isensee/Kirchhof (Hrsg.), Handbuch des Staatsrechts der Bundesrepublik Deutschland, Bd. 4, 3. Aufl. 2006, § 79.

1. Echte Rückwirkung

350 Eine echte Rückwirkung liegt vor, wenn ein Gesetz nachträglich ändernd in abgewickelte, der Vergangenheit angehörende Tatbestände eingreift.[324] Sie ist verfassungsrechtlich grundsätzlich unzulässig. Das Bundesverfassungsgericht erkennt jedoch einige Ausnahmen an. Danach gilt das Rückwirkungsverbot dort nicht, wo sich kein Vertrauen auf den Bestand des geltenden Rechts bilden konnte. Dies ist namentlich dann der Fall, wenn die Betroffenen bereits im Zeitpunkt, auf den die Rückwirkung bezogen wird, nicht mit dem Fortbestand der Regelungen rechnen konnten. Weiter scheidet ein Vertrauensschutz aus, wenn die Rechtslage so unklar und verworren war, dass eine Klärung erwartet werden musste. Schließlich muss der Vertrauensschutz auch in den Fällen zurücktreten, in denen überragende Belange des Gemeinwohls, die dem Prinzip der Rechtssicherheit vorgehen, eine rückwirkende Beseitigung erfordern.[325]

351 Eine echte Rückwirkung ist vorliegend für die Einführung einer Sonderabgabe allenfalls in der Konstellation anzunehmen, in der das Abgabenaufkommen lediglich zur Deckung bereits entstandener Verluste des SoFFin eingesetzt werden soll. Denn in diesen Fällen handelt es sich um einen bereits abgeschlossenen Finanzierungszweck, für welchen nachträglich eine Sonderabgabe erhoben wird. Allerdings wäre auch hier nur der Finanzierungszweck auf einen in der Vergangenheit abgeschlossenen Sachverhalt bezogen; die eigentliche Abgabenerhebung würde an gegenwärtige Sachverhalte anknüpfen. Insofern stellt sich das Rückwirkungsproblem nicht in aller Schärfe.

352 Allein im Hinblick auf – den aus finanzverfassungsrechtlichen Gründen den „harten" Tatbestandsmerkmalen der Sonderabgabe gleichzustellenden – Vergangenheitsbezug von Sachzweck und Mittelverwendung ist deshalb weiter zu prüfen, inwieweit einer der Tatbestände eingreift, nach denen aufgrund mangelnden Vertrauens ausnahmsweise von einer verfassungsmäßigen echten Rückwirkung ausgegangen werden kann. Unstreitig bestanden zum Zeitpunkt des Ausbruchs der Finanzmarktkrise keinerlei Regelungen hinsichtlich der Finanzierung einer solchen Krise. Es ist jedoch ebenfalls festzustellen, dass jedenfalls im Zeitpunkt der Errichtung des SoFFin in der Öffentlichkeit über die Finanzierung hierdurch gewährter Unterstützungsleistungen diskutiert wurde. Folglich bestünde die Möglichkeit, aufgrund der unklaren Rechtslage zum Zeitpunkt des Eintritts des Finanzierungszwecks von einer ausnahmsweise zulässigen echten Rückwirkung auszugehen. Eine Anknüpfung an das Merkmal der überragenden Belange des Gemeinwohls scheitert hingegen daran, dass hierunter jedenfalls keine reinen fiskalischen Gründe zu verstehen sind.[326]

---

324 BVerfGE 11, 139 (145 f.).

325 BVerfGE 13, 261 (272); 101, 239 (263 f.); ständige Rechtsprechung.

326 BVerfGE 2, 380 (405).

2. Unechte Rückwirkung

Eine unechte Rückwirkung liegt vor, wenn eine Norm auf gegenwärtige, noch nicht abgeschlossene Sachverhalte und Rechtsbeziehungen für die Zukunft einwirkt und damit zugleich die betroffene Rechtsposition nachträglich entwertet. Sie ist verfassungsrechtlich grundsätzlich zulässig, es können sich jedoch aus dem Grundsatz des Vertrauensschutzes und dem Verhältnismäßigkeitsprinzip Grenzen der Zulässigkeit ergeben. Diese sind erst überschritten, wenn die vom Gesetzgeber angeordnete unechte Rückwirkung zur Erreichung des Gesetzeszwecks nicht geeignet oder erforderlich ist oder wenn die Bestandsinteressen der Betroffenen die Veränderungsgründe des Gesetzgebers überwiegen.[327] 353

Vorliegend käme eine unechte Rückwirkung – bezogen auf Finanzierungszweck und Mittelverwendung – immer dann in Betracht, wenn alle Verluste des SoFFin, d.h. sowohl zum Zeitpunkt der Abgabeneinführung bestehende wie auch im Folgenden noch entstehende Aufwendungen, durch die Abgabe gedeckt werden sollten. In diesem Fall ist der Finanzierungszweck zu dem Zeitpunkt, an dem der Abgabepflichtige die Tatbestandsmerkmale i.e.S. verwirklicht, noch nicht vollständig erfüllt, mithin noch nicht abgeschlossen. Im Rahmen der Prüfung der verfassungsrechtlichen Zulässigkeit einer solchen unechten Rückwirkung ist dann – ebenso, wie bei der verfassungsrechtlichen Rechtfertigung der Grundrechtseingriffe – auf die Verhältnismäßigkeit der Maßnahme einzugehen (siehe oben Rdnrn. 319 ff.). 354

3. Zwischenergebnis

Weitere Gründe für eine Verfassungswidrigkeit durch eine Einbeziehung von Versicherungsunternehmen in eine Finanzmarktabgabe sind aus der Rückwirkungsjudikatur nicht zu ziehen. 355

VI. Bestimmtheitsanforderungen

Zusätzlich zu den i.e.S. inhaltlich-gestaltenden Vorgaben hat der Gesetzgeber inhaltlich-formale Vorgaben zu beachten. Zu ihnen zählt neben dem Rückwirkungsverbot der Bestimmtheitsgrundsatz.[328] Für ihn gilt: Je intensiver ein Grund- 356

---

[327] BVerfGE 95, 64 (86) ständige Rechtsprechung.

[328] Wegweisend BVerfGE 5, 25 (33) = NJW 1956, S. 1025; zuletzt BVerfGE 108, 186 (234 f.) = NVwZ 2003, S. 1241; BVerfGE 111, 54 (82) m.w.N. = NJW 2005, S. 126; speziell zu den verfassungsrechtlichen Bestimmtheitsanforderungen für den Bereich des Abgabenrechts BVerfGE 13, 153 (160); BVerfGE 19, 253 (267); BVerfGE 48, 210 (222) = NJW 1978, S. 2143 ff.; BVerfGE 49, 343 (362) = NJW 1979, S. 859; BVerfGE 73, 388 (400); und der Vorlagebeschl. des BFH im Verfahren XI R 26/04, BStBl. II 2007, S. 167 (Az. des BVerfG: 2 BvL 59/06). Aus der Literatur statt aller *Papier*, in: SteuerR und VerfassungsR, DStJG Bd. 12 (1989), S. 61 ff.; *Lehner*, Zur Bestimmtheit von Rechtsnormen, in: NJW 1991, S. 890 ff.; *Hey*, Steuerplanungssicherheit als Rechtsproblem,

rechtseingriff ist, und je näher er an anderweitige (hier: finanzverfassungsrechtliche) Grenzen heranrückt, die das Grundgesetz setzt, desto höher werden die Anforderungen an die Bestimmtheit des Gesetzes, mit dem der Gesetzgeber die Sonderabgabe einführt.

357 Die Einführung einer Sonderabgabe auf Unternehmen des Finanzdienstleistungssektors ist aus zahlreichen, vorstehend näher dargelegten Gründen verfassungsrechtlich problematisch. Die Überprüfung der Verfassungsmäßigkeit dieser Abgabe ist nur möglich, wenn der Gesetzgeber insbesondere den Kreis der abgabepflichtigen Unternehmen exakt und vorhersehbar definiert, so dass jedes Unternehmen im Voraus nach Grund und Höhe erkennen kann, inwieweit es durch sein wirtschaftliches Handeln Tatbestände der Sonderabgabe erfüllt.

358 Daraus folgt insbesondere ein spezifisch grundrechtliches und rechtsstaatliches Präzisionsgebot im Hinblick auf das Merkmal der Systemrelevanz, das als *differentia specifica* den persönlichen Anwendungsbereich der Sonderabgabe anleitet (oben Rdnr. 189 ff., 198). Der Gesetzgeber ist gehalten, den Kreis der systemrelevanten Institute ex ante verbindlich festzulegen. Dabei ist eine namentliche Nennung der abgabepflichtigen Unternehmen weder geboten noch sinnvoll. Erforderlich ist vielmehr eine abstrakt-generelle, aber von einem Höchstmaß an ökonomischer Genauigkeit geprägte Abbildung der für die Systemrelevanz herausgearbeiteten Maßstäbe in einem positiven gesetzlichen Kriterienbündel, das eine treffsichere Subsumtion zulässt und es den Unternehmen erlaubt, die mit der Sonderabgabe verbundene wirtschaftliche Belastung rechtzeitig in ihre Kalkulation einzustellen.

VII. Zwischenergebnis

359 Die Festsetzung und Erhebung einer Finanzmarktabgabe bildet einen Grundrechtseingriff, der vorrangig an Art. 12 Abs. 1 GG (ggf. i.V.m. Art. 2 Abs. 1 GG) zu messen ist. Über diesen Grundrechtsbezug werden die oben festgestellten objektivrechtlichen finanzrechtlichen Verstöße verfassungsprozessual rügefähig. Weil die Erstreckung einer Finanzmarktabgabe auf Unternehmen der Versicherungswirtschaft die Anforderungen, die an eine Sonderabgabe zu stellen sind, nicht erfüllt, verstößt ihre Festsetzung und Erhebung insoweit gegen die Berufsfreiheit.

Ein eigenständiger, d.h. unabhängig von den finanzverfassungsrechtlichen Maßstäben feststellbarer Grundrechtsverstoß durch die Einbeziehung von Versicherungsunternehmen in eine Finanzmarktabgabe kann dagegen nicht festgestellt werden.

2002, S. 547 ff.; *Jehke*, Bestimmtheit und Klarheit im Steuerrecht, 2005, S. 25 ff., 95 ff.; und *Grzeszick*, in: Maunz/Dürig, GG (56. Ergänzungslieferung 2009), Art. 20 Abs. 3 Rdnr. 58 ff.; jeweils m.w.N.

Auch eine eigenständige Verletzung der Eigentumsgarantie aus Art. 14 GG scheidet aus. Zum einen tritt dieses Grundrechts subsidiär hinter Art. 12 Abs. 1 GG zurück, zum anderen wäre die Abgabe weder „erdrosselnd" und damit nicht übermäßig belastend; die derzeit erwogene Höhe der Abgabe überschreitet nicht die Schwelle zur Unverhältnismäßigkeit.

Ob die Rückwirkungsjudikatur anwendbar ist, kann offen bleiben; jedenfalls führt auch sie nicht zu zusätzlichen verfassungsrechtlichen Verstößen. Zu beachten hat der Gesetzgeber dagegen, dass die Einführung neuer Sonderabgaben erhöhten Bestimmtheitsanforderungen unterliegt, die sich insbesondere auf die Definition des Kreises der Abgabepflichtigen und die Ausgestaltung der Bemessungsgrundlage beziehen.

E. Zusammenfassung

1. Ungeachtet erheblicher Varianzen in der Ausgestaltung einer Abgabe auf Unternehmen des Finanzdienstleistungssektors wäre eine derartige Abgabe finanzverfassungsrechtlich als Sonderabgabe zu qualifizieren.

2. Die Einführung und Erhebung einer derartigen Sonderabgabe unterliegt strengen verfassungsrechtlichen Vorgaben, die eine hinreichende Konkretisierung in der Rechtsprechung des Bundesverfassungsgerichts gefunden haben. In Einzelfragen lässt die Rechtsprechung allerdings weiterhin Fragen offen; künftige Entscheidungen sind daher nicht mit letzter Sicherheit prognostizierbar.

3. Zentrale Bedeutung kommt dabei dem Gebot der Homogenität der Gruppe der Abgabepflichtigen zu. Dieses Gebot determiniert nicht nur den Zuschnitt des Kreises der Abgabepflichtigen, sondern durchzieht in der Dogmatik der Sonderabgabe auch die Anforderungen an die Ausgestaltung weiterer Tatbestandsmerkmale des einfachen Rechts, namentlich von Bemessungsgrundlage und Abgabesatz bzw. -tarif. Die Gruppenhomogenität schließt das Nebeneinander unterschiedlicher Bemessungsgrundlagen und/oder Abgabesätze innerhalb ein und derselben Sonderabgabe aus.

4. In der Subsumtion zeigen sich erhebliche wirtschaftliche, vertragsrechtliche und v.a. aufsichtsrechtliche Unterschiede zwischen Kreditinstituten einerseits und Versicherungsunternehmen einschließlich der spezifisch auf die betriebliche und private Altersvorsorge ausgerichteten Finanzdienstleistungsunternehmen andererseits.

5. Diese Unterschiede stehen von Verfassungs wegen der Einbeziehung einzelner oder aller Versicherungsunternehmen einschließlich der spezifisch auf die betriebliche und private Altersvorsorge ausgerichteten Finanzdienstleistungsunternehmen in eine Sonderabgabe entgegen, die auch oder sogar primär auf Kreditinstitute abzielt.

6. Die Einführung einer separaten Sonderabgabe auf alle Versicherungsunternehmen einschließlich der spezifisch auf die betriebliche und private Altersvorsorge ausgerichteten Finanzdienstleistungsunternehmen wäre angesichts der Unterschiede zwischen klassischen Schadensversicherungen einerseits und kapitalisierenden Versicherungen (v.a. Lebens-, Renten- und Rückversiche-

rungen) andererseits verfassungsrechtlich problematisch, weil auch insoweit die Gruppenhomogenität zweifelhaft ist.

7. Die Sonderabgabe muss gruppennützig verwendet werden. Dies geschieht in der Regel durch die Bildung öffentlich-rechtlich verfasster Sondervermögen. Ihr Volumen darf den Betrag nicht überschreiten, der zur Bewältigung der von den Gruppenunternehmen ausgehenden systemischen Risiken erforderlich ist. Bei der Bemessung dieses Höchstbetrags kommt dem Gesetzgeber ein weiter Gestaltungsspielraum zu. Zulässig ist insbesondere ist die Einbeziehung eines angemessenen Sicherheitszuschlags.

8. Der Gesetzgeber ist von Verfassungs wegen verpflichtet, die weitere Erforderlichkeit der Sonderabgabe und ihrer konkreten Ausgestaltung periodisch zu überprüfen.

9. Der Gesetzgeber ist gehalten, Regelungen für den Fall zu treffen, dass die Summe der vereinnahmten Zahlungen den Höchstbetrag überschreitet. In keinem Fall ist eine Abführung von Mitteln des Sondervermögens an die allgemeinen Haushalte des Bundes oder der Länder zulässig.

Bibliografie

van Aaken, Anne, Transnationales Kooperationsrecht nationaler Aufsichtsbehörden, in: Möllers/Voßkuhle/Walter (Hrsg.), Internationales Verwaltungsrecht, 2007, S. 219 ff.

Dies., Democracy in Times of Transnational Administrative Law: The case of Financial Markets, in: Hardal et.al. (ed.), Perspectives and Limits of Democracy, 2008, S. 41 ff.

Arndt, Hans-Wolfgang, Steuern, Sonderabgaben und Zwangsanleihen: zur Abgabenerfindungskompetenz des Bundesgesetzgebers, 1983

Bäcker, Matthias, Die europäische Perspektive im Recht der Finanzierungsabgaben, in: EuR 2007, S. 509 ff.

Balzli, Beat/Brinkbäumer, Klaus/Fichtner, Ullrich/Goos, Hauke/Hüetlin, Thomas/Pauly, Christoph, Im Hauptquartier der Gier, DER SPIEGEL 29/2009, S. 42 ff.

Becker, Florian, Die Versteigerung der UMTS-Lizenzen: Eine neuartige Form der Allokation von Rechten, Die Verwaltung 35 (2002), S. 1 ff.

Ders., Stattliche staatliche Versteigerungserlöse: Anlass zur Reform der Finanzverfassung? DÖV 2003, S. 177 ff.

Becker, Florian/Mock, Sebastian FMStG. Finanzmarktstabilisierungsgesetz. Kommentar, 2009

Bodenheim, Dieter G., Der Zweck der Steuer, 1979

Bohley, Peter, Gebühren und Beiträge, 1977

Boos, Karl-Heinz/Fischer, Reinfrid/Schulte-Mattler, Hermann, Kreditwesengesetz, 3. Auflage 2008

Brandner, Thilo, Parlamentarische Gesetzgebung in Krisensituationen – Zum Zustandekommen des Finanzmarktstablilisierungsgesetzes, NVwZ 2009, 211 ff.

Bumke, Christian, Kapitalmarktregulierung. Eine Untersuchung über Konzeption und Dogmatik des Regulierungsverwaltungsrechts, Die Verwaltung 41 (2008), S. 227 ff.

Bundesministerium der Finanzen, Eckpunkte für die Finanzmarktregulierung, 31. März 2010

Bundesverband deutscher Banken, Vermeidung systemischer Krisen – Eckpunkte zur Sanierung von Unternehmen des Finanzsektors, 25. März 2010

Deutsche Bundesbank, Der Versicherungssektor als Finanzintermediär, Monatsbericht Dezember 2004, S. 31 ff.

Dies., Credit Default Swaps – Funktionen, Bedeutung und Informationsgehalt, ebd., S. 43 ff.

Dolzer, Rudolf/Kahl, Wolfgang/Waldhoff, Christian/Graßhof, Karin (Hrsg.), Bonner Kommentar zum Grundgesetz, Loseblattsammlung, Stand des Gesamtwerks: 144. Lfg. März 2010

Eilert, Hergen, VAG-Novelle regelt Sicherungsfonds, Versicherungswirtschaft 2005, S. 115 ff.

Eling, Martin/Schmeiser, Hato/Schmit, Joan T., The Solvency II Process: Overview and Critical Analysis, o.J.

Eyben, Bodo, Die Abgabenform des Beitrags und ihre praktischen Schwerpunkte, Diss. iur. Göttingen 1969

Fahr, Ulrich/Kaulbach, Detlef/Bähr, Gunne, Versicherungsaufsichtsgesetz, 4. Aufl. 2007

Fleiner, Fritz, Institutionen des deutschen Verwaltungsrechts, 8. Aufl. 1928

Friauf, Karl Heinrich, Öffentliche Sonderlasten und Gleichheit der Steuerbürger, in: FS für Hermann Jahrreiß, 1974, S. 45 ff.

Ders., Die Zulässigkeit von außersteuerlichen Sonderabgaben, in: FS für Willy Haubrichs, 1976, S. 103 ff.

Fricke, Martin, Die VAG-Novelle 2004, VersR 2005, S. 161 ff.

Frühauf, Markus, Zweifelhafte Abgabe, Frankfurter Allgemeine Zeitung v. 14. 04. 2010, S. 11

The Geneva Association, Systemic Risk in Insurance. An analysis of insurance and financial stability, 2010

Germelmann, Claas Friedrich, Präzisierungen in der Sonderabgaben-Rechtsprechung des Bundesverfassungsgerichts, in: GewArch 2009, S. 476 ff.

Gesamtverband der Deutschen Versicherungswirtschaft e.V., Basel II versus Solvency II. Die Aufsichtsregelungen aus dem Bankensektor und der Versicherungswirtschaft im Vergleich, o.J.

Günther, Marcus, Systemrelevanz von Finanzinstituten, WM 2010, S. 825 ff.

Grabau, Fritz-René/Hundt, Irina, Die Sicherheit von Bankguthaben bei Zahlungsunfähigkeit inländischer Kreditinstitute, DZWIR 2003, S. 275 ff.

Gründl, Helmut/Perlet, Helmut (Hrsg.), Solvency II & Risikomanagement. Umbruch in der Versicherungswirtschaft, 2005

Hecker, Jan, Marktoptimierende Wirtschaftsaufsicht. Öffentlich-rechtliche Probleme staatlicher Wirtschaftsintervention zur Steigerung der Funktionsfähigkeit des Marktes, 2007

Heimlich, Jörn, Die Verleihungsgebühr als Umweltabgabe, 1996

Henneke, Hans-Günter, Öffentliches Finanzwesen, Finanzverfassung, 2. Aufl. 2000

Henseler, Paul, Begriffsmerkmale und Legitimation von Sonderabgaben, 1984

Ders., Das Urteil zur Investitionshilfeabgabe in seiner Bedeutung für die Dogmatik des Abgabenrechts, NVwZ 1985, S. 398 ff.

Hettich, Peter/Wettstein, Yannick, Rechtsfragen um Kostenanlastungssteuern, in: Archiv für Schweizerisches Abgabenrecht Bd. 78 (2009/10), S. 537 ff.

Heun, Werner, Die Sonderabgaben als verfassungsrechtlicher Abgabetypus, DVBl. 1990, S. 666 ff.

Isensee, Josef, Umverteilung durch Sozialversicherungsbeiträge, 1973

Ders., Äquivalenz, Kostenausgleich, Verbandssolidarität im Abgabenrecht, in: GS für Wilhelm Karl Geck, 1989, S. 355 ff.

Hummel, Lars, Verfassungsrechtsfragen der Verwendung staatlicher Einnahmen, 2008

Ders., Das Merkmal der Finanzierungsverantwortung in der Sonderabgaben-Rechtsprechung des Bundesverfassungsgerichts, in: DVBl. 2009, S. 874 ff.

Jakob, Wolfgang, Sonderabgaben – Fremdkörper im Steuerstaat? in: FS für Franz Klein, 194, S. 663 ff.

Jaletzke, Matthias/Verannemann, Peter (Hrsg.), Finanzmarktstabilisierungsgesetz. Kommentar, 2009

Jarass, Hans D., Nichtsteuerliche Abgaben und lenkende Steuern unter dem Grundgesetz, 1999

Kaufmann, Marcel, Kommunale Gebühren, in: Henneke/Pünder/Waldhoff (Hrsg.), Recht der Kommunalfinanzen, 2006, § 15

Kirchhof, Ferdinand, Der Baden-Württembergische „Wasserpfennig“, NVwZ 1987, S. 1031 ff.

Kirchhof, Paul, Der verfassungsrechtliche Auftrag zur Besteuerung nach der wirtschaftlichen Leistungsfähigkeit, StuW 1985, S. 319 ff.

Ders., Die Sonderabgaben, in: FS für Karl-Heinrich Friauf, 1996, S. 669 ff.

Ders., Nichtsteuerliche Abgaben, in: Isensee/Kirchhof (Hrsg.), Handbuch des Staatsrechts der Bundesrepublik Deutschland, Bd. 5, 3. Aufl. 2007, § 119

Kirchhof, Paul/Söhn, Hartmut/Mellinghoff, Rudolf (Hrsg.), Einkommensteuergesetz. Kommentar, Loseblattsammlung, Stand des Gesamtwerks: 205. Lfg. Februar 2010

Kluth, Winfried, Die verfassungsrechtlichen Anforderungen an die Erhebung von Sonderabgaben, JA 1996, S. 260 ff.

Ders., Verfassungs- und abgabenrechtliche Rahmenbedingungen der Ressourcenbewirtschaftung, NuR 1997, S. 105 ff.

Knauth, Klaus-Wilhelm, Effizienz und Wettbewerb der Aufsichtssysteme für Versicherungsunternehmen und Kreditinstitute, ZVersWiss 1996, S. 232 ff.

Knies, Wolfgang, Steuerzweck und Steuerbegriff, 1976

Kube, Hanno, Finanzgewalt in der Kompetenzordnung, 2004

Kübler, Bruno, Too big to fail? – Der lange Weg zur Bankinsolvenz, Kreditwesen 2009, S. 228 f.

Kuls, Norbert/Peitsmeier, Henning, Das Ende der Bewunderung, in: FAZ v. 28.2.2009, S. 14.

Lenz, Christopher, Wirksame Regulierung statt Bankenabgabe, Frankfurter Allgemeine Zeitung vom 8. April 2010, S. 7

Martini, Mario, Zur Kasse bitte …! Die Bankenabgabe als Antwort auf die Finanzkrise – Placebo, Heilmittel oder Gift? NJW 2010, S. 2019 ff.

Maunz, Theodor/Dürig, Günter, Grundgesetz. Kommentar, Loseblattsammlung, Stand des Gesamtwerks: 56. Lfg. Oktober 2009

Maurer, Hartmut, Kontinuitätsgewähr und Vertrauensschutz, in: Isensee/Kirchhof (Hrsg.), Handbuch des Staatsrechts der Bundesrepublik Deutschland, Bd. 4, 3. Aufl. 206, § 79

Mayer, Otto, Deutsches Verwaltungsrecht, Bd. 1, 2. Aufl. 1914; 3. Aufl. 1924

Merati-Kashani, Jasmin/Sieling, Frederic, Rechtliche Aspekte der Einführung einer Sonderabgabe für Kredit- und Finanzdienstleistungsinstitute (Ausarbeitung der Wissenschaftlichen Dienste des Deutschen Bundestages WD 4 – 3000 – 047/10), Berlin 2009

Merkt, Albrecht, Die mitgliedschaftsbezogene Abgabe des öffentlichen Rechts, 1990

Meyer, Susanne, Gebühren für die Nutzung von Umweltressourcen, 1995

Möllers, Christoph, Transnationale Behördenkooperation. Verfassungs- und völkerrechtliche Probleme transnationaler internationaler Standardsetzung, ZaöRV 65 (2005), S. 351 ff.

Müller, Helmut, Versicherungsbinnenmarkt, 1995

Murswiek, Dietrich, Die Ressourcennutzungsgebühr, NuR 1994, S. 170 ff.

Mußgnug, Reinhard, Die zweckgebundene öffentliche Abgabe, in: FS für Ernst Forsthoff, 2. Aufl. 1974, S. 59 ff.

Oebbecke, Janbernd, Selbstverwaltung angesichts von Europäisierung und Ökonomisierung, VVDStRL 62 (2003), S. 366 ff.

Ohler, Christoph, Bankensanierung als staatliche Aufgabe, WiVerw 2010, S. 47 ff.

Ossenbühl, Fritz, Zur Verbandslast als Finanzierungsinstrument der atomaren Endlagerung, DVBl. 2004, S. 1132 ff.

Ders., Zur Rechtfertigung von Sonderabgaben mit Finanzierungszweck, DVBl. 2005, S. 667 ff.

Osterloh, Lerke, Zur Zulässigkeit von Sonderabgaben – BVerfGE 55, 274, JuS 1982, S. 421 ff.

Pannen, Klaus, Krise und Insolvenz bei Kreditinstituten, 3. Aufl. 2010

Pehla, Inken, Die Institutssicherung nach dem Einlagensicherungs- und Anlegerentschädigungsgesetz, Kreditwesen 2006, S. 298 ff.

Pietzcker, Jost, Abgrenzungsprobleme zwischen Benutzungsgebühr, Verleihungsgebühr, Sonderabgabe und Steuer, DVBl. 1987, S. 774 ff.

Präve, Peter, Der Sicherungsfonds für die Lebensversicherung, VersR 2005, S. 1023 ff.

Prölss, Martin, Versicherungsaufsichtsgesetz, 12. Aufl. 2005

Puwalla, Wolfgang, Qualifikation von Abgaben, 1987

Reimer, Ekkehart, Kommentierung Art. 109, 110, 115, 143d GG, in: Epping/Hillgruber, Grundgesetz. Kommentar, 2009

Röhl, Hans Christian, Finanzmarktaufsicht, in: Fehling/Ruffert (Hrsg.), Regulierungsrecht, 2010, § 18

Roitzsch, Frank/Wächter, Gerhard H., Gesellschaftsrechtliche Probleme des Finanzmarktstabilisierungsgesetzes

Sachs, Michael (Hrsg.), Grundgesetz. Kommentar, 5. Aufl. 2009

Schaefer, Horst, Der verfassungsrechtliche Steuerbegriff, 1997

Schäfers, Manfred, Lastenausgleich, Kohlepfennig, Hebammenabgabe, Frankfurter Allgemeine Zeitung v. 14. 04. 2010, S. 13

Schiller, Gernot, Sonderabgaben mit wirtschaftslenkender Antriebs- und Sanktionsfunktion in der Wirtschafts- und Finanzverfassung des Grundgesetzes, 2000

Schimansky, Herbert/Bunte, Hermann-Josef/Lwoski, Hans Jürgen, Bankrechts-Handbuch, 3. Aufl. 2007

Schmehl, Arndt, Das Äquivalenzprinzip im Recht der Staatsfinanzierung, 2004

Schoch, Friedrich, Verfassungsrechtliche Anforderungen an die Erhebung von Sonderabgaben, Jura 2010, S. 197 ff.

Schubert, Thomas/Grießmann, Gundula, Solvency II = Basel II + X, Versicherungswirtschaft 2004, S. 1399 ff.

Schuppert, Gunnar Folke, Die Erfüllung öffentlicher Aufgaben durch verselbständigte Verwaltungseinheiten, 1981

Ders., Nichtsteuerliche Abgaben, intermediäre Finanzgewalten und Verwaltungsorganisation, in: FS für Werner Thieme, 1993, S. 227 ff.

Selmer, Peter, Steuerinterventionismus und Verfassungsrecht, 1972

Ders., Die UMTS-Versteigerung vor dem BVerfG, NVwZ 2003, S. 1304 ff.

Ders., Finanzierung der Standortsuche durch eine öffentlich-rechtliche Körperschaft (Verbandsmodell), in: Ossenbühl (Hrsg.), Deutscher Atomrechtstag 2004, 2005, S. 139 ff.

Ders., Die sogenannte Gruppennützigkeit der Sonderabgabe – eine Zulässigkeitsvoraussetzung im Wandel, in: FS für Reinhard Mußgnug, 2005, S. 217 ff.

Sethe, Rolf/Thieme, Juliane, Internationales Bank- und Finanzdienstleistungsrecht, in: Tietje (Hrsg.), Internationales Wirtschaftsrecht, 2009, § 13

Spremann, Klaus/Gantenbein, Pascal, Kapitalmärkte, 2005

Staudacher, Richard, Verfassungsrechtliche Zulässigkeit von Sonderabgaben, 2004

Stern, Klaus, Das Staatsrecht der Bundesrepublik Deutschland, Bd. 1, 2. Aufl. 1984; Bd. 2, 1980

Swiss Reinsurance Company, Solvency II: an integrated risk approach for European insurers, sigma publications 4/2006

Ubber, Theo, Der Beitrag als Institut der Finanzverfassung, Diss. iur. Köln 1993

Vereinigung der Bayerischen Wirtschaft e.V., Die „Obama-Fee“: Kein Weg für Deutschland, 2010

Vogel, Klaus, Kammerbeitrag und Finanzverfassung, DVBl. 1958, S. 491 ff.

Ders., Grundzüge des Finanzrechts des Grundgesetzes, in: Isensee/Kirchhof (Hrsg.), Handbuch des Staatsrechts der Bundesrepublik Deutschland, Bd. 4, 1. Aufl. 1990, § 87

Vogel, Klaus/Waldhoff, Christian, Grundlagen des Finanzverfassungsrechts, 1999

Waechter, Kay, Sonderabgaben sind normale Abgaben, ZG 2005, S. 97 ff.

Wahlhäuser, Jens, Wird die „heimliche Steuer unheimlich“?, NVwZ 2005, S. 1389 ff.

Waldhoff, Christian, Die Zwecksteuer, StuW 2002, S. 285 ff.

Ders., Finanzierung der Standortsuche für ein atomares Endlager durch eine öffentlich-rechtliche Körperschaft (Verbandsmodell), in: Ossenbühl (Hrsg.), Deutscher Atomrechtstag 2004, 2005, S. 153 ff.

Ders., Verfassungsrechtliche Anforderungen an die Ausübung von Gesetzgebungskompetenzen (Art. 72 Abs. 2; 75 Abs. 2; 125a Abs. 2 GG) – materielles Kompetenzzuweisungsrecht als Element einer Föderalismusreform, in: Henneke (Hrsg.), Föderalismusreform in Deutschland, 2005, S. 55 ff.

Ders., Grundzüge des Finanzrechts des Grundgesetzes, in: Isensee/Kirchhof (Hrsg.), Handbuch des Staatsrechts der Bundesrepublik Deutschland, Bd. 5, 3. Aufl. 2007, § 116

Ders., „Der Gesetzgeber schuldet nichts als das Gesetz". Zu alten und neuen Begründungspflichten des parlamentarischen Gesetzgebers, in: FS für Josef Isensee, 2007, S. 325 ff.

Ders., Rechtsprechungsübersicht Steuerrecht und Verfassungsrecht. Bericht über ausgewählte Entscheidungen zu verfassungsrechtlichen Vorgaben für die Besteuerung der Jahre 2002 bis 2007, Die Verwaltung 41 (2008), S. 259 ff.

Ders., Das Finanzmarktstabilisierungsgesetz in der föderativen Ordnung – unter besonderer Berücksichtigung der öffentlichen Banken, in: Henneke (Hrsg.), Finanzmarktkrise und öffentliche Banken, erscheint 2010

Weber, Ahrend, Das neue Einlagensicherungs- und Anlegerentschädigungsgesetz, Die Bank 1998, S. 470 ff.

Weber, Manfred, Einlagensicherung und Anlegerentschädigung in Deutschland – Status quo und Ausblick, Kreditwesen 2008, S. 560 ff.

Weber-Grellet, Heinrich, Steuern im modernen Verfassungsstaat, 2001

Wernsmann, Rainer, Verhaltenslenkung in einem rationalen Steuersystem, 2005

Wilke, Dieter, Gebührenrecht und Grundgesetz, 1973

Winter, Gerrit, Versicherungsaufsichtsrecht, 2007

Wolff, Hans J./Bachof, Otto, Verwaltungsrecht I, 9. Aufl. 1974, Verwaltungsrecht II, 4. Aufl. 1976

Sachverzeichnis

K

L

M

P

R

S

T

U

V

Z

MIX
Papier aus verantwortungsvollen Quellen
Paper from responsible sources
FSC® C105338

If you have any concerns about our products,
you can contact us on
ProductSafety@springernature.com

In case Publisher is established outside the EU,
the EU authorized representative is:
Springer Nature Customer Service Center GmbH
Europaplatz 3, 69115 Heidelberg, Germany

Printed by Libri Plureos GmbH
in Hamburg, Germany